Uthando luka-Olothando

Imibongo

O.E. Bolisi

O.E. Bolisi

MBANA PUBLISHING
AND PRINTING

Uthando luka - Olothando

Ipapashwe nguO.E. Bolisi

© O.E. Bolisi 2020
Ipapashwe okokuqala 2020
Ushicilelo lokuqala ngo 2020

ISBN: 978-0-620-85494-8

Uqweqwe lwenziwe ngu: Thandile Maxiti
Umhleli: Siyasanga Mwanda
Yabunjwa yashicilelwa eMzantsi Afrika ngabakwa: Mbana Publishing and Printing

Uthando luka-Olothando

ISIQULATHO

IMBULA MBETHE

Ikho kwaye iliqela imiqulu ekhe yapapashwa kwisihobe sesiXhosa, kodwa lona umqulu ufumbethe imibono eyahlukileyo ngothando nangeminy' imiba esingqongileyo. Usiba lombhali lubetha ngobuchule nangokuqiqa kwizifundo zenzululwazi nezophengululo (*Scientific Research*) akuvumelekanga ukuba imiba siyisingathe ngemisindo nangezimvo zentliziyo (*emotions and convictions*) kuba lo nto yenza iingxoxo ijonge calanye. Yiyo lo nto umbhali wale ncwadi eze nezimvo esingathi zinzulu kambe ezingavula ingqondo yomlesi.

Umbhali walo mqulu uziqonda mhlophe iingcwangu, iincwina kanye neentiyo ezambethe okanye ezisathwelwe ngama-Afrika. Zonke ke iintlaselo nengcinezelo ezazijolise kumntu omnyama zenze ama-Afrika abe ngabantu abonomsindo. Le ngcamango iphuhliswa ziziganeko ezenzeka mihla le, emitshatweni naseluthandweni lwababini. Um-Afrika ungumntu owoyikayo ukuthanda mva nje, ngenxa yokukhula kokungathembani nobulwanyana obafakwa kwizindlu zama-Afrika nguRhulumente wobandlululo. Kaloku intlonipho yinto yakwaNtu, ububele nokumbonelela umntu ngento entle enokumnceda, nkqu nomhambi wayejikwa nasendleleni aphiwe into etyiwayo axakathiswe nangaleyo aya kuhamba eyitya endleleni ngoku engaziwayo kanye. Wayelunyukiswa nangeendlela amaze angahambi ngazo xa zisaziwa ngobungozi. Yayiluthando lokwenene ke olo lungakhethe bani.

Ama-Afrika adume ngalento kuthiwa buBuntu kuba kaloku izandla zabo zisoloko zivulekile zijonge ukunceda omnye umntu lowo uncedayo engajonganga mbuyekezo, kuba ngamanye amaxesha kusukube engamazi nalowo amncedayo koko esenza into acinga ibinokwenziwa nakuye ngomnye umAfrika.

Okwethu thina kukucenga nokuzama ukuvuselela uthando lwama-Afrika e-Afrika kuba singabantu bothando. Ewe lona uqoqosho ayilolwethu kwaye ludale umda okanye iyantlukwano phakathi kwethu, kodwa lo nto mayingade ichaphazele ubuhlobo bama-Afrika, kwaye mayingade ingene igqugqise izindlu zama-Afrika. Zikho ziliqela indlela esizonwabisa ngazo thina mthonyama singadanga sazama sazidina ngenkqubo yaseNtshona, kungako sisithi uthando sesona sixhobo esiqula ngalo singama-Afrika.

Ongeziwe Est Bolisi kunye noFikiswa Magqashela

O.E. Bolisi

UMBULELO

Ndimabalabala njengaye wonke umntwana okhuliswe ngama-Afrika, ndibulela abazali bam ngokungandideli nangenkuthazo, ndibabulele ngokundenz' idini negalelo labo esizweni, khe ndinqwanqwadwe ndiqeqeshwe zezeminye imizi'iintswazi. Ngalendlela ndithi ndikhuliswe ngabantu abaninzi abanezakhono ezahlukeneyo. Ndibambe ngazibini nakubabhali abathe bancedisana nam, nabathe bandivumela ndigawule nakwawabo amahlathi khon' ukuze ndibasele ndikhwezele le mbiza ivuthwe.

Ndinqwala intloko kwiqela lam elithe lacokisa lihlela iziphene zeli linge, Ndayabulela ke kuwe mama uFikiswa.P. Magqashela kunye nakwigqiyazana laseMaQwathini, uSiyasanga Mwanda, lo msebenzi niwenze ngozinzo kunye nangobunono kwatsho kwayimfezeko.

Awu! Igama lamanina e-Azania malibongwe, ngawo odwa athe abambisana nam kulo msebenzi, adandixakameza andipheleka ndade ndayokuwela! Kungako ndibulela kakhulu kwigqiza lweenzwakazi namanina athe azidina enza igalelo kwindlela yam, nasekufezekisweni kweminqweno yam. Ndithi kuwe, Feziwe Bolisi, Vutomi Heazel Khosa, Vuyiswa Lamfithi, Patricia Motobang, Zintle Ngapi, Siyasanga Nokama, Nozuko Mbana,Thandile Maxiti ninguwo umgquba ochumisa izityalo ze-Azania. I-Azania ezale I-Afrika ihombe ngemisebenz' emihle yenu.

Ndithi, makuhlale kuluyolo nemfudumalo kwiintsizazana neentsapho zaseManqarhwaneni, oZidul' oMqokoz'obomvu, ohlab'ilawu, omaqhula, oontetha, ohintsabe, aMaGqunukhwebe woxolo, won' angazondaniyo koko ezondana ngomthetho. Ndibuye ndikhahlele kweza kulo khokho uNojujurha intombi yaseMatolweni. Yintombi ezal' intombi ezala umama leyo.Sele engasekho kodwa wawukho ngaphambili undixhobisa ngaloo mabali emveli.

Uthando luka-Olothando

Kungoko kulungil' ukuhlangana,
Ukuhleka nabantu uzakhel' izihlobo,
Ukudibaniselana ngezimvo nangengqondo,
Zithi iintliziy' ezilangazelelayo zifumane,

Zith zakunik' izicelo zabo zamkeleke,

B.SITHOLE (1994:27)

1. ILALI YAM

Yilali yeenkedama neentsizi,
Yilali yemivumba nezivubeko,
Yiloo lali itya intsalela nentshiyekela zikarhulumente
Kub' ingenasithebe nababhexeshi
kwiindibano zikaMasipala,
Kub' ingena mizekelo namaqhawe,

Yilali ezele ngamakhandlela aswel' umlilo wokuqhwitha,
Athi nango ebesel' ekhanyisa acime ngesaquphe,
Kutsho kube litsili mihla yonke,
Luhambele kude ulwazi kuyo,
Kuy' umlisela nomthinjana,

Yilo lali ingazidini ngokukhula nangokuphucuka,
Yonela ngudlomdlayo neembuthwana,
Zingcazelan' iingedle zitshaye,
Yindawo yokuphumla nokuzinza komphanda,
Kufike kukhulul' idyasi neembadada
Ububi nobugxwenxa,
Kub' iyiloo lali yokuphambukela ibumnyama,
Baphaxulané oxam begcakamel' ilanga.

Zakhe zakho iimboni nabazalwane apho,
Babuya bangcwatywa,
Besaphila ilizwe labo langcwatywa,

11

O.E. Bolisi

Lacima nelo lithana!
Yilalana yeziyolo namaqhula nezibele zohendo,
Iyathandwa zezo ziyingqongileyo,
Kub' udume ngokungabi nankqala nachuku!
Ngakumbi kwabo baya ngamandla ebhekileni.

Iintyatyambo apho zivunwa zisamila,
Ithi intombi sisayibuka ikhul' uhluma,
Suke ngephanyazo ithi thu ifukama iqandusele,
Yongxulele ibengumkrozo.
Lelo sizi lirhaphilili linkenenkene,
Livuka likroboz' iqabaka maxa onke,
Lithez' iinyanda lisaqingqa.

Kuyoze kube sentlango mhla kwabhangiswa izibonelelo,
Umntu uya kuz' aty' umntu mhla kwemk' inkamnkam,
Mhlawumb' zakuze zivuk' iintsimi ezintle ezikufuphi,
Ethembeni iyakuze ivundle mhla kwabhang'
urhulumente, Kufe obhololel' ecaleni ibambisane
ivuselele ubuhle, Kuba eneneni izinze phezu kumhlab'
ochumileyo Nenomlambo omkhulu eMzantsi Afrika.

2. ULULO-UTHANDO

Ukwilizwe elinomnsindo neentsizi,
Ukwilali enochuku nomona,
Ukusapho elinentiyo nengxabano,
Ungxungxe kwidoloph' ezele ziziphithiphithi
Neengozi kunye nobundlobongela,
Kodwa kunjalo uhlal' uzolile unothando.

Zizile kuw' izitshi iinyikima namaqhwa,
Zizile kuw' iimbalela neengqatsini zelanga,
Ivunguzil' yaphemb' amadlelo akho imimoya.
Ikhe yemk' inyanga nelanga neenkwenkwezi,
Kwacim' imibane, kwacim' amakhandlela!
Wadada wazika kubo ubumnyama,
Kodwa kunjalo wasala onothando noxolo,

Awuthandi kub' uthanda,
Awuthandi kuba uthandwa lihlabathi,
Awuyeki ukuthanda kub' uthiyiwe lihlabathi,
Koko uthanda kub' uthandiwe nguMdali,
Luthando lwendalo,
Lumil' iingcambu kuwe ngaphakathi.

Sele uxovulwa unyathelwa,
Sele ungasena gazi ufunxwe ziingcuka, Sele
intliziy' idlakazwa zezidla wena wedwa,

O.E. Bolisi

Kodwa uyancuma unge ngathi wonwabile,
Kuba unethemba lokuhlangulwa nguMdali,
Kub' ulazi ubunzulu bothando neenceba zakhe,
Kungako uhlal' umoya wakho uhlal' uphantsi,
Kungako uhlal' onothando kuwe,
Ngaphakathi nangaphandle,
Awunathando koko wena ululo-uThando!

3. IKHAYA LABANTU

Likhaya lemfudumalo,
Likhaya elihombe ngobubele nangothando,
Zonk' iihasi neenkedama zelali ziyalulangazelela,
Ngenxa yenkathal' enalo eluntwini!
Lihle lihonjiswe ngeendwendwe,
Ezingena ziphume zincumile!

Likhaya elithe gungqu bubushushu,
Libaswa ngezibele nangovelwano,
Akulinganiselwa xa kuphekwayo,
Iimbiza zalo zihlala zigcwele ziphuphuma!
Kuba likhaya labahambi nabaphambukeli,
Kuba yonk' imihla kuhlala kukh' umtyeleli!

Elo khaya linomtsalane nomkhitha!
Uthi noba uyazihambel' ung' ungasondela!
Uzidlulise ukhe ubone ngaphakathi,
Ngephanyazo suk' uzibon' sele ungaphakathi,
Kuwo loo masango welo khaya!

Izinja zalo zilunge okosana,
Zilandel' umzila nesithethe selo khaya!
Naw' ungafung' uthi, ziqeqeshiwe zayalwa,
Kwathiwa, eli likhaya labantu!
Nazo ke zilenca, zincumela indwendwe.
Kwekhu! Injani kanti le ntando kaThixo?
Woze wakh' umzi ngegolide nangedayimane,
Suke utsh' ukubanda ube ngumkhenkce ngaphakathi,
Suk' omny' akh' umzi ngetikana,
Suk' uthandwe afudumale.

O.E. Bolisi

4. URONTA

Yindlu edal' isithunzi nesidima kwikhaya,
Yakhelw' ukwamkel' abatyeleli nosapho,
Yakhelw' ukusingath' iingxoxo neendibano zekhaya.
Isakhiwo sijongwe kwindalo kaMdali,
Kub' isisangqa okwelanga nenyanga.

Yiloo ndlu ingenabubhontibhonti nabunewunewu!
Ayinamagumb' namagunjana wokuphephana nokuzimelana!
Yindlu yokumanyanis' uluntu lwasemathileni,
Luthi dwee! Uluntu ngapha kweziko nangeneno kwalo,
Lushushubezwe yimbawula yobusika yakwaNtu.

Umzi ayingomzi ngaphandle kwayo,
Yipalamente enezitulo zodaka namakhukho,
Kulapho amathongo nemithandazo iqhutywa khona.
Umzi ngumzi kwaXhosa ngoRonta,
Umzi ngumzi ogqibeleleyo ngoRonta.

5. UKUPHELA KOMSITHO

Imbizo ngamabal' okuzilolonga kuma-Afrika,
Adiban' akhane akhumbuzane ngeze-Afrika!
Kucingwe ngecebo lokuphuhlis' ama-Afrika!
Kub' isisombululo se-Afrika sifun' wonk' um-Afrika!

Kubuhlung' kubi xa sisohlukana kwangethuba!
Kub' um-Afrika ethand' ukubukana nemfudumalo!
Kambe necebo lokwakh' i-Afrika alintsuku mbini,
Kub' i-Afrika inengxaki ezibanzi!

Okwabe kungandiswa ezo ntsuku!
Kuthiwe chu kuhle ukuza necebo,
Sicinge sixoxe singangxamanga,
Kub' eze Afrika zimbaxa zifun' ubuchule nocoselelo!
Kubi kubuhlung' xa sisohlakana kwangethuba.

Hambani ke ma-Afrika niyokwetyisa! Nenze
njalo ke nani baququzeleli bomsitho, Khon'
ukuze oongxowa nkulu bavul' izandla, Beze
nenkxaso kumathandazw' e-Afrika. Kuba kubi
xa sisohlukana kwangethuba.

Amathandazw' elizwe ading' ithuba' elaneleyo,
Lokuxovul' isisombululo nemigqaliselo yesizwe,
Kub' iingxaki zethu zinding' ithuba.
Sixoxe, sixovula sikhangel'amacebo
Kuba nzima kube lility'ukohlukana.

6. UMNTWAN'OMGQUBA

Linene ukuchula,
Intliziy' imhlophe luxolo,
Igazi ngumthombo ukucoceka,
Limpompoza lityhutyha izibilini,
Luhambe lucoc' ikratshi nentiyo,

Lelo gazi elidal' ububele nemfudumalo,
Sakhiwe ngobulongwe be-Afrika, Ze
sabunjwa ngerhugula ye-Afrika,
Sagudiswa ngomgquba we-Afrika,
Sandula sanguMgquba we-Afrika.

Yiyo loo nto ichumil' i-Afrika.
Kub' um-Afrika e-Afrika uvundile!
Yiyo loo nto ityebil' i-Azania,
Kub' ukufa kom-Afrika kuzal'intlutha,
Kuba kalok' um-Afrika ungumgquba!

7. UMASEBENZ' EGODUKA

Ngumfo onenkani xa kuthethwa ngeziyolo nedolophu,
Unje ngomthi onamagqabi ukudalwa,
Angahamb' anabele kwiziphaluka nakumaphondo,
Kodwa iingcambu zakhe zimil' ekhaya.

Nguloo mfo uliqaba nesiqondamva kwabamthiyileyo,
Unqwa nomvundla ukuphuthelwa,
Apho khona kwelolizwe lempangelo,
Sisifundiswa esizele yingqondo yemveli,

Ingantl' idoloph' ide ihombe ngeemazi nangamankazana!
Zingazihle izitalato de zihombe ngezibane nangeenqwelomafutha!
Lingacocek' ulwandle logqith' imilambo yasemakhaya!
Kodwa kunjalo mihla yonke ukhumbul' ikhaya.

Ngumfo ongadunyelwa ngosingandlela!
Yindoda engahamb' ibiwa zindlela ngendlela,
Kub' isazi eyona ndlela.
NguMasebenz' egoduka.

Ngudl' egoduka okwe mfuyo enomalusi,
Yintsika enokuthenjwa lusapho,
Lihobe elindanda libuye xa kufanele.
Unjalo ke umasebenz' egoduka.

8. QINGQA MNTWANA

Bekukade singxangi-i-ile!
Silindel' eloncum' olungenasono,
Uncumo lwengelosi esempilweni,
Qingqa mntwana!

Lubone ke, usapho lukwamkela!
Luvuya lugcolota lubukel' isivuno!
Kub' ikhaya liyanda liyachuma!
Kwand' iinzwana neenzwakazi.

Kuthe wakub' uzelwe salil' ezovuyo iinyembezi!
Kub' uzokubhangis' isizung'ekhaya!
Uthe wakuzalwa sakhal' ezenkxalab' iinyembezi,
Kuba lo mhlab' uyahlaba futh' uyaqwenga!
Kodwa kunjalo ndithi qingqa mntwana!

Qingqa ugcobe ungaxhali,
Kuba mihla yonke ukubiyel' uSomihla!
Ukho yen' akalali, ukhusel' abantwana bakhe,
Nekhaya likulungiselele,
Kalok' uzalwe ecetyiwe kuvunyelwene!
Qingqa mntwana.

9. INJA YAM

Ngumhlobo wokwenene ke yona.
Iyakonwabela ukuba nam,
Yonela koko ndinako
Ndiyibona ngomsila xa ichulumancile!
Ndiyibona ngokujonga phantsi xa inxubile!
Kodwa kukubi kunjalo kuyo ibanam.

Ndihambile nabahlobo nezihlobo,
Banditya okwe nqathe bade badikwa,
Ndikhulisiwe ndakhuthazwa ngabantu,
Kodwa akuphanz' amaphupha am bathi,
Andiyonto yanto ndingento!

Inja yam iyandixolisa iyandithuthuzela,
Sesona sipho sisenyongweni kum,
Sele ihamba emva kwam ithembekile,
Kub' ingasokuze indiqubul' emqolo!
Sele ilambil' ibhityile iyandibulisa!
Ihlal' indihlonela inethemba kum,
Themba lokuba kuya kuze kulunge.

Mayihlal' idlobile idlamkile inja yam,
Kub' ulonwabo lwayo luyimpilo kum,
Yinja yam litshona liphuma!
Yinja yam kwiincwina nakwimivandedwa yobom bam.

10. UTHANDO LUKAMAMA

Kuthethiwe kwabongwa ngeendidi zothando,
Kodwa hayi ngothando lwesikhukhukazi!
Luyimvuzemvuze lukhatshwa ziimfundiso,
Luyanqwanqwada luyalungisa emntwaneni!

Kunzima ke ukuluqonda xa usakhulayo,
Ngenxa yengqeqesho eqatha yakhe,
Kodwa luhle lunjalo kuba luya lumkisa,
Luzele yinimba luphelekwa nayimithandazo,
Luhle, lubanzi lunjal' uthando!

Kumaxesh' amaninzi sibabulela sebelele,
Belele ukuthula ezants' emangcwabeni!
Kodwa kunjalo olwab' ugqatso belufezile,
Icekwa likwinzal' esele ngasemva.
Kuba zonk' izitshixo zisentedeni yezandla zabo!

11. AMANGABANGABA

Zintaka ezimhlophe we!
Oku ngathi yintliziyo yama-Afrika, Zihamba
zizula zikhangel' iinkomo, Zona zingena zandla
zokuzihlangula, Kwimikhanzi nakumakhalan'
imfimfith' igazi,

Izimbatho zawo zezamagqirha,
Isinxibo sawo sesomongikazi kunye noogqirha!
Ze angqinelwe yimisebenzi,
Kuba ziluncedo kwezo nkomo zingamaxhoba.

Zizint' ezilinda ukuphumla kwenkomo,
Zichwechwe zicoce ezo mfele zalo mfuyo,
Angamaqhawe kuthi ma-Afrika,
Kub' siswel' imali yokutheng' amachiza okuthintela!

Zintaka ezidalwe zalucwecwe ngesiqu,
Kuba zenzelwe ukukhuthala nogwanga,
Inkomo ezinzileyo ihlangulwa ,
Kwimikhanzi ngama ngabangaba!
Inkomo endlongondlongo lixhoba
Lamakhalane nemikhanzi!

12. UMALUSI

Yinkokhel' engafan' ikhankanywe
Phakathi kweziny' iinkokheli!
Ubukhokheli bakhe bukhulu,
Bufana nobukaSomandla,
Kub' ezikhokhela ngokuziqhuba ezakh' izimvu.

Ngumkhokhel' okhokhela ngasemva,
Azingcambazise azise kwelo sango limxinwa,
Ungafunda nto kuye, kub' esazi obona bunkokheli!
Zilwa ngezikhundl' eziphambil' inkokhel' nje!
Yen' uzinzile emva kwezakh' izimvu!

Ngumf' onomonde ngemfuy' ebhadulayo,
Ithi yakuduk' imvu,
Avuk' ekuseni ahamba-hambe ekhangela,
Ath' akuncama asing'esibhakabhakeni!
Kalok' umkhondo maxawambi ukuloo Maxhalanga,
Andanda phezulu emafini.

Yinkokhel' ejong' abalandeli,
Zon' ezininzi zijongwe ngabalandeli!
Yiyo lo nto ziqabuka sezihamba zodwa,
Kalok' ubunkokheli ayikokuhamba phambili,
Funda kumalusi obona bunkokheli.

13. IINCWINA ZEMBONGOLO

Kwelo khaya le bhongo ndisisigculelo,
Abo bangandifuyanga bayandilangazelela,
Bengandinqweneleli kundibuka nokundanga,
Koko bendinqwenelela ukundixhesha nokundikhoboza.

Ndithi ndisahleli endle,
Ndithi ndisatya ndibhuq' iindiza neziny' izilwanyana,
Suke kuthi gqi kufutshane iingqenqe zamakhwenkwe,
Sele zipheth' iintswazi sokundixhaphaza,
Kaloku mihla yonke ayandiswaza endiphalisa,
Inyuka ikhwez' indlela kufuneka ndiphalile!
Khon' ukuze ndanelise umkhweli wam.

Ndithe ngokudikwa ndafathula,
Ndahamba ndayizimela loo lali inelokhaya,
Ndaduka ndayokungxungxa kumathafa weziny' ilali!
Ethembeni lokuzuz' ukuphumla nokuzi khoth' amanxeba,
Suke nalapho ndaxhatshazwa kanobomi,
Amakhwenkwe enza imidyarho ngekungekho semthethweni,
Apho kulo mathafa nakwezontsimi zaselufudukweni!

Esam isizwe sohlala sikhotyozwa, Ukulunga
kohlanga lwam kungameva kuso,
Asinako ukuphumla nje ngezinye izilwanyana zekhaya!
Amahashe aqhayise ngobuhle,
Ngexa iimeyile izihlangula ngokugoloza, Side
sife simile thina ngenxa yokukhotyozwa.

O.E. Bolisi

14. IMOTO YAMACINGO

Ngumhlobo wokulila nokuhleka
Kwinkwenkwe yasezilalini!
Ngunto zonke kwezo dyongwana!
Ithi yakuyibhexesha,
Kuded' intethe kusway' iimbovane kuloo ndlela!

Ngumthuthuzeli kwelo hlwempu likhuliswa,
Ngumakhulu kunye nenxila lenkazana!
Ixolis' iintliziyo kwezo nkedama,
Zona zanela nje, kukuyibon' ephepheni idolophu.
Zona zanela nje, kukuyibonela kude imoto yokwenene.

Yimoto yamacingo egcin' ithemba,
KwezoHasi zikwezontsizi!
Idambis' indlala nephango, ivus' uncumo!
Kuphole intsente namasa, kuphole nokhwekhwe!
Imoto yamacingo.

15. INQWELO YEENYOKA

Kuyayiwa kwayiwayo, kuyahanjwa ke khona.
Lakhiw' iqela layimbumba lafunz'edabini kwangethuba,
Lahamba ngamagaja lafathuza!
Lagajaza lungenzanga macebo namalungiselelo.
Kuba kungekh' mntu ofun' ukuthobela!
Banqwa namacephe bona!

Ligqiza labangcatshi nabanyoluki.
Mna ndisizel' umqhubi wenqwelo,
Kub' emvakwakhe kulolw' amazembe nemikhonto,
Isikhundla sakhe sijongiwe!
Omnye nomnye usengela kwelakh'ithunga.

Ndisebenzile kwelo lizwe ndiphangele nabo bantu.
Ndibafundile abo ndiyabazi ke bona.
Ndizichithil' iintsuku nabo bantu,
Ndiyabazi ndibakhel'umkhanyo.
Ngabathezimandla ngabafunzi,
Ngabayeliseli ngamamene-mene!
Bajong'inzuzo bajong' ukunqoloba!
Ngabavungami ngonontliziyo zibolile,
Aboneliseki ababuleli.

O.E. Bolisi

Ngabant' abathand' izikhundla!
Akho nkqubela phambili xa bedibene!
Kuba akukh' ofuna ukuba sisithende!
Bonke bafun' ukukhonya phambili,
Baphila ngokunqolobana nangokubulalana.

16. UMQHUBI WEBHASI

Yinkokheli ethwal' intlaba zahlukane!
Yinkokheli etyath' amabandla-ngamabandla.
Nguzwi lakhe, kub' esazi indlela
Nohambo lomhambi nohamb'olude.

Mihla yonke siyamthandazela simnqulela,
Kub' ethwal' imiphefumlo yodade nabantakwethu!
Kub' ethwele umfundi nomphangeli.
Kub' etyath' amatshipha namagoduka.
Umsebenz' omkhulu ongenakuqondwa!

Zithi zakuphel' iiholide sijonge kuwe,
Wena gqirha lendlela.
Kuthi koba zezepasika sijonge kuwe,
Kuthi koba zezeSilimela sijonge kuwe.
Kuthi kophel' eyeNkanga siphinde senje njalo.

Ndith' uzungadiiinwa!!!
Ubathathile wayobabek' eNtshona Koloni,
Wabathatha wababuyisa.
Wabas' eGoli wabuya wabagodusa.
Ndithi hlal' uphala kuhle!

O.E. Bolisi

Hamb' ungajiki silindiw' ekhaya,
Silindiwe kwelabelungu.
Awubanga nakothuka kulo,
Maqhude anquml' umgaqo ngokuhlwa.
Awubanga nakozela nakwezonzulu zobumnyama,
Khange kubekho ntandabuzo nakuloo majikojiko.
Khange ubena kothuka nakwezo nkqwithela zemimoya!

17. ITHAFA LASE ABERDEEN

Lithaf' elide elisesityabeni
Lide alinamaqhina namagophe,
Likhwezile kodwa lisub' imiphefumlo,
Libhukuq' izithuthi, libhubhis' uluntu,
Kowu! Ndizond' ubuhle bakho thafa,
Kuloo ndlel' ikuwe igcwel' igazi,
Igazi lemidaka yase-Afrika,
Kub' ingenamali yokukhwel' inqwelomoya.

Ubude baloo ndlel' ikuwe iyobis' umqhubi,
Alal' engaqondi, othuke sekwaphulwe,
Kowu! Ndikuthiyile mpucuko, Yile mpucuko
yeza nomlungu, Edal' ufuduko lwethu ma-
Afrika, Yile mpucuko yeza nomlungu,
Eyenza sithuth' iimpahla, Sihambe kwelo
rhamncwe lethafa!

Kambe thafa ndini, awulal' uhlal' uphuthelwe,
Wena thafa ndini, awulal' ungatyanga, Ngezabatha
uthiyisel' inqwelo ezibhek' entshona, Nezi buy'
eNtshona Koloni.
Uninzi lwama-Xhosa lufela kuwe thafa!

Ubuhle bakho ayibobuhle buyintakatho,
Ukuthamba kwakho buyinyoka,
Umhle ngengceba zee nqwelomafutha
Uhlaziywa ngegazi lodade nabantakwethu
Ndohlala ndikuzonda thafandini.

18. IHASHE LIKA TATA

Sisithwala-ndwe senz' ezekhaya,
Ngugqadambekweni kwezekhaya,
Mihla yonke linoxanduva,
Xanduva lokuthwal' usapho neentsana zalo!
Lenjenje-lenjenjeyaa ukuqakathula.

Ngene nangenyaniso madod' aseJamani ndinothulel' umqwazi!
Ndilibonil' linyamezel' ezoqabaka,
Sikhe sakudinga ngexesha lokugula,
Wavuka ngonyez' walifunqul' ilungu losapho walisa kogqirha,
Ndikubonil' ummamkela nomhambi ngenyawo,
Wavuma wathobelel' umzali wam ngethuba emkhwelisa,
Kub' usazi mhlophe indlel' ende ejongen' nomhambi.
Unothando, unenimba, uluncedo eluntwini,
Lunenceba nemfobe nemfesane!

Sikhe sakubiza ngeholide zehlobo,
Wasabela wasibeleka usisa kwezo zolonwabo.
Ngawe siyile ezizweni, ngawe siyaya ezizweni!
Ukhe wabhexeshwa kanobomi ngumzali eleq' empangelweni,
Watyhutyhatyhutyha wayokumbeka kwangethuba,
Thenga i- oli namafutha tata siv' emgaqweni!
Ngukhohlel' idangatya nguphefuml' ilophu!
Malihlale lihlel' ihashe lika tata,
Malihlale lisempilweni ihashe lika tata,
Liqine liyimfuneko ekhaya.

19. UTHANDO

Imvakalelo zentliziyo zezexeshana! Kub'
uthando alwakhiwa ngeemvakalelo,
Uthando alwakhiwa ngumntu, koko uthando yindalo!
Ngumnt' ozalwa nothando, ayingomntu odal' uthando!
Kub' uMdali engathandis' umntu ngothando!
Iindudumo nemicel'mingeni yobom' ayohluli bantu,
Koko zidal' umsantsa okwethutyana!
Ukanti namagug' omhlaba awakhi thando,
Kub' uthando lubekho ngaphambi kwamagugu!
UMntu ngaphandle kothando noxolo sisihogo,
Kant' uthando lwemvakalelo lunempoxo,
Kub' uthando alucetywa alucengwa ngezinto,
Izinto zizamva kunothando.

20. ULISAKHANYA

Yayiyenye yeemini zasebusika!
Lilihl' ilanga kuzolile,
Wonk' umntu erholile,
Ingumbo nomxesibe kuyoliwe,
Apho koloo dederhu lweevenkile zaseDutywa,
Ndabe ndimi nabafana ndihambis' ixesha,
Kuba ndandilindel' ukuphuthunywa ngenqwelo.

Zaqhubek' iincoko zethu zobufana,
Singananzanga nto koko sincokola,
Sakhe isangqa ngonga siyagqugula!
Zabe zingena ziphum' iintombi kwezo venkile,
Uninzi lwazo luhombe ngezonwele zemboleko.

Kodwa kunjalo kwanga ngathi asiboni nto!
Kwala ngephanyazo, kwe gqi loo ntokazi,
Sel' inomkhitha ikhawuleza!
Kucaca yintombi ethumekayo kokwayo,
Yagqitha ke kuthi yangena kuloo venkile,
Abayeka bon' abafana ukudwaba,
Yanga ngathi abayibonanga loo ntokazi,
Ngenene sasithabathe mna ndondwa esosimo sayo!

Yathabatheka ke ingqondo,
Yalandela loo ntyatyambo,
Kwasal' isiqu nomzimba wam kogxa bam.

Uthando luka-Olothando

Ndema ke apho ndilindile,
Ndilindel' ukuphuma kwaloo nzwakazi kuloo venkile,
Iphumile ke sele ndibuncama ndikhalele,
Yaphum' intombi ndingenzanga macebo,
Yeza iintombi ndingazilolanga ngamazwi,
Yeza intombi sele ndizisusile iintonga zobuciko.

Kwekhu! Kazi ndizakumngena njani?
Ndavakala ndizithethela ngaphakathi.
Yala xa idlula phambi kwam,
Ndaphoseleka nditsiba emva kwayo,
Sele ndithetha ndithintitha!
Ngobuyilo ndayiloza,
Yaphendul' izithutha izibonga ingxamile,
Yandinik' inombolo yomxeba izulisa.

Kwathi malanga ndayitsalela,
Sele ndiyibiza ngesiduko ndiyithambisa,
Ngenene yathamba yathatheka,
Nam ndagqiba ndathi ndiyifumen' intombi.

Kwathi ke ekuhambeni kwencoko yethu,
Kwavakal' ukuba olu lusuku lwayo lokugqibela,
Apho kwezolali zaseDutywa,
Ndenza amacebo namatiletile wokuba sibonane ,
Phambi kokub' iphindele apho izalwa khona.

Kwekhu! Ndafa namthanyana kwaphanz'iinzame,
Yanditsalel' umxeba intombi ithobekile,

O.E. Bolisi

Sel' isithi igqith' eKomani inqwelo ekuyo,
Kambe iyakuze iphind' indwendwel' eDutywa,
Emva kweminyak' emibini,
Kub' ingumfundi iphantsi kwabazali.

Injani nale nto iluthando?
Kubuhlungu ukuthand' umntu wakude,
Kambe uphel' emehlweni asal' engqondweni.
Kub' ungasokuze uphinde umbone.

Ndiyakuzonda ntlupheko,
Ndikuthiyile ntswelangqesho,
Akwaba ndandiphangela ngendawenza amacebo,
Wokuba ndikubone sele ukude ungapha kwenduli neentaba!
Bayavuya abaneenqwelo-mafutha,
Kuba befikelela naphi na apho intombi ikhoyo.
Iintombi zeli lizwe zezabo.

Kodwa kum , uyokuhlala ukhany' engqondweni,
Ndikuthanda futhi ndikulangazelela,
Unguye uLisakhanya wendlela neengcinga zam,
Zothando nezoncumo kwimpilo yam.
Nelo themba lokukubona lisekho,
Likhanya okwe nyanga ebumnyameni.

21. KUBA SOWONDE NGAM MANDISELE NDIKWENZAUMHLOBO (HIV)

Bathi ungugawulayo,
Mna ndithi unguzithonga zithathu
Ze esesine sikuthumel' engcwabeni.
Bambi baninzi benza ngathi bayakonyanya,
Kodwa bayakuthanda,
Kuba naku bengazikhuseli kumgibe wakho.

Wena kum ungumhlobo!
Kuba awusoze undilahle kwesinomhlwa.
Lo nto uyathanda ukucengwa,
Usoloko ufuna iimfanelo zakho
Mhla kusisa naxa kusihlwa!

Namhla ndiyakwazi okufuneka,
Ndikuse phantsi kwempumlo.
Oko ndathi ndazimanya nawe abahlobo bachasele kum,
Abanye bandiphika naphakathi kwehlokondiba!
Kaloku batyiwa sisikhwele.
Kaloku abasenandawo kum.
Oyena mhlobo wenene nguwe Gawulayo.

Olwethu uthando lunemiqathango equlunqwe
Ngoompondo zihlanjiwe kwezempilo

O.E. Bolisi

Olwakho uthando luyimoyezulu,
Aluqheleki lungagqekreza nanini na!
Kunzima kwabaninzi ukulwamkela.

Akwaba ubuyintombi ngendisithi lo ngumtshato.
Lento ikho naxa ndincuma,
Tyhini! Naxa ndiyimpula kaLujaca.
Kungako ndisithi olwakho uthando alukhethe bani!

22. JONGA MNA S'THANDWA

Konke kudlule.
Iimbophelelo namaqhin' akhululwe.
Iimbandezelo zemihla yokuphila kwethu zishenxile.
Izanzwili nemiqobo yothando isusiwe.
Jonga mna s'thandwa.

Andizanga kuwisa magqabi,
Koko ndizakunkcenkceshela.
Khawundithi chu ngocikicane,
Undise kwelo lizwe lwamaphupha.
Masingcambaze singcotshe khon'ukuze
Singabinakuhlatywa ngaloo mev' ahlasel' uthando.

Bekuzinyanga sisakha sibhidliza,
Sisiwa sivuka, sivuke sivuthulule.
Xesha lokuthweswa isidanga soloyiso lifikile
Buya s'thandwa siyekiwe!

Lithi lakukhithika ndijonge kuwe.
Lith' ilanga lakutshona ndijonge kuwe,
Nkwenkwezi ekhanyis' ikhaya
Kunye noongquphantsi balo.
Jonga mna s'thandwa.

O.E. Bolisi

23. UMZALI WAKWAXHOSA

Yint'ebusilwanyana kusapho lwayo,
Yint'engaqhelekiyo kwiintsana zayo.
Ingalal'incumile kusas'ivuk'inxibe buso bumbi,
Ngenxa yokungafun'ukudelwa ngabantwana,
Isidima sayo ihlal'isijongile!
Nako-o-o-ke! Egragrama esikhomb' endimeni.

Umzali wakwaXhosa,
Simaz' ekhohlakele silusapho lwakhe,
Kuba luvuyo kuthi wakuncuma,
Kuba sisazi mhlophe ukuba
Kuhle esikwenzileyo ngolo suku,
Uncumo nolonwabo lwakhe
Mihla yonke siyaluhlawulela,
Ungumntu ongonqeniyo ukuqumba,
Awubumb' awuthwale loo mlomo iveki yonke,
Sitsho sibande singcangcazele siququzele,
Kuba sisazi mhlophe ngesabhokhwe sakhe.

Simazi ngokuthuma maxesh'onke
Lukruquk'usapho lumbombozele lufing' iintshiya!
Ungumntu ozibopha nakuba zibhityile ezakh' iinkabi,
Kub' enegunya namagunya wokulawula,
Mve esithi "ngowam lo mzi, ofun'ukuzilawula makakh' owakhe"
Abuy' athi umqolo wesidenge wolulwa ngentonga.
Lutsho luphakam' usapho luququzele okwe mbovane!

40

Uthando luka-Olothando

Kuba luvuyo nemincili wongabikho iintsukwan' ekhaya,
Ngethemba lokwenz' unothanda sihambe nevatshula.
Sigxushe sonwabe silale kude kuphum' ilanga.
Maxesh'onke sikhwel'emxebeni simtsalele,
Sibuz' usuku lwakhe lokubuya,
Kuba sifuna kuhlale kucocekile ngolosuku!

Umzali wakwaXhosa,
Ingqegqesho yakhe ilikhala kusapho lwakhe,
Wofika phakathi kwabahlobo bakhe uyaqhayisa ngosapho lwakhe,
Ancume ancome ezozikhuthali,
Kodwa phambi kwenzala yakhe,
Wofik'engxola engabonakalisi kuncoma!
Lunjalo uthando lwakhe,
Injalo ingqegqesho yakhe,
Lakuthi lusokhula usapho lutsho luqonde
Lubulele loo ndlela nezomfundiso lukhuliswe ngazo!

24. UTHANDO LUKA OLOTHANDO!

Zikho iintombi, zikho iintokazi!
Zikho ezilubhelukazi, zikho ezi manz'andonga!
Zisukel' egadeni, zikho neengqeqe!
Kodwa hayi! Ngo Olothando.

Zikhe zachokoz' iintombi zazihombisa!
Zikhe zachophis' intombi,
Zanga ziphez' kweNtab'etafile!
Zikhe zadubula zenz' idangatya lamaphepha!
Kodwa hayi! Ngo Olothando!

Yintw' ehlal' ibunile okomzingeli,
Akaxakathul' unyathela ngondiliseko,
Unomoy' ophantsi oko mzili,
Akulula ukumhenda yena,
Kalok' urhangqwe ngumoya wobulumko!

Kukhe kwenzeka ngomny' umhla,
Zizonwabisil' iintombi ngodlo'mdlayo!
Ekho naye phakathi kwazo,
Ndath' ukusondel' ndifun' ubungqina,
Yintw' ephum' itshaya nakwe zozityholo!

Zakhe zaqhakraz' intyatyambo zabuya zatshaza,
Zikhe zayalwa kodwa zabuya zizithwele,
Zikhe zaqokobhisa kodwa zabuya zadlokovisa!

Uthando luka-Olothando

Kodwa yena wasal' enguOlothando wondiliseko!
Yintaka ngokukhenkceza ezintabeni,
Ilizw' elivus' umfundi nomphangeli!
Ilizw'elixolis'uDingezweni ezintabeni!
Mihl' imisebenzi mihle bethu!

Kuthi mandondele ndisondele,
Ndilahl' ubundlobongela ndiguquke ndizimaseke!
Kalok' akakholwa ngudyakalashe yena
Kub' eqiqile evundlile!
Kub' ezithanda futh' ezithembile!
Bakhala ngothando, kamb' elakhe luyintuthuzelo.

Eli likhakha lam lasemfazweni,
Ndiguguth' imimango nalo ndiy' emazweni, Makube
njalo ke ntombi engagungqiswa zizilingo, Ube
liqhayiya kum kwezo zakwa Zulu.

O.E. Bolisi

25. UMTHUNZI WOMTHI WETHU

Thand' olungenamthunzi yingqatsini yelanga!
Apho zigquba kunye yiyantlukwano!
Thand'aluthengwa ngeziThixo ngucimi–danya!
Sikho thina sibonile sifundile!

Ikhe yatyalw' imithana yothando,
Zikhe zasekwa zaqingqw' iziseko zabuya zadilika!
Zikhe zenziw' izimbambathiso,
Bafunga bagomela kodwa bohlulwa zindudumo!
Lunjalo ke uthando lwesininzi!

Mna noNomzamo sizamile!
Sahlwayela sagelesha satyala
Salwa nemibundluna kwam' ilanga!
Salwa nekhula kwam'ilanga!
Kub' lent' ingumthunz' wothando ayoyamavila!

Yang' iintombi zaseKoloni zingaland' ekhondweni!
Zibe sisandla okokuka Nomzamo.
Kobakh' ukonwaba' kuthi Midaka
Kuchum' ukuzola kuchum ukuzinza!
Kuba sithi midaka esigqatswa zingqatsini zelanga
Makwakhiw' umthunzi wothando nentobeko
Khon' ukuze sigcinane ngokuphumla!

26. UMTHWALO WOMENDI

Ningama hobe ngokulunga,
Nafik' esizweni ngentozamo,
Nalulama nathobela.
Nasi siseko esizweni!

Ukhe wafik' umamazala!
Elila ekhala ngendlala,
Nenz' imitsi nagqutheza namphakela,
Ukhe wakhala ngonxano utatazala!
Naququzela namlungiselela.
Zikhe zakho izici aph' ekhaya,
Nabumbana nenza kwayimpumelelo!

Niziz'tulo zodaka nina,
Kuba ninyamezel' ukusindwa
Yinzala yenu neyezihlobo,
Akukho ukuphumla kuni ,
Kuba niwa nivuk' imihla nezolo!
Umthwalo wenu bubuntu nenkathalo.

Zizinto ezikwaz' ukuthanda!
Zithi zakukrexezelwa,
Zithob'umoya zibuye zibonis' uthando
Kwimbewu yazo!
Abahambi bekhangel' uthando ke bona.

O.E. Bolisi

Kub' uthando lwabo lukwinzala nakubantwana,
Zizikhukhukaz' ezinesifuba ngezemizi yazo,
Maphiko azo agush' iintlungu nokunyhashwa,
Kuba zikhusel' isidima sekhaya!

27. LUDE LWAFIKA NAKUMHLOBO

Gxalaba lam endihluma nalo,
Mhlobo wam endazana naye,
Langa lam lwasebusika,
Nduku yam esekhosi!

Sikhule sivumela singqinelana,
Sixel'isixando sokwenzana sincedana,
Siyimbumba yamanyama kungekho sihlava,
Sizenzil' ezabantwana njengay'wonke umntwana,

Zigalelekile zon'iintsuku zobomi,
Zafika namathuba wokuzikhethela,
Lashunyayelwa nelizwi ndalwamkela
Ndamshiy'umhlobo wam nezakhe,
Kwakunyanzelek'ndikhethile!

Beku zezo ntsuku!
Ndinyamezel'ukugxekwa nguy'umhlobo,
Ndibe ndibon'eyolile nezezwe,
Edenyelisa ethi andifanelwe kukukholwa,
Kubi kunjalo ukungaqondi.

Ihambil'iminyaka de ndalibala,
Minazan'ithile ndidiben' naye kwakhona,
Ethobekile ethambile eyimvoco,
Sel'enolusu oluhle nemfaneleko,
Ethi mhlobo wam nam ndikuy'indlela.

O.E. Bolisi

28. NGALO MZUZWANA NDISONWABILE

Lento isentsha isaze ngobuso elizweni!
Ndiphethwe mfumamfuma okwesikhukhukaz'esifukamayo.
Olu ke, luthando olutsha.
Owam unomyayi uhlal' enomyalezo
Wothando njalo xa ndiya kwilizwe lobuthongo.
Owam umxeba iqulath' umyalezo
Othi, sithandwa sam uzulale kamnandi,
Sithandwa ndivuke ndicinga ngawe,
Ngenene ngalomzuzwana ndisonwabile.

Ekhaya bendisaziwa njengomntwana
Ozithiyileyo iihambo zasebusuku,
Kodwa namhlanje nditsiba tanci
Xa ndithunywa ngokuhlwa,
De ngamany' amaxesha ndiphume ndingabhungisanga.
Kaloku ndifun' ulala ndilibonil' iwele lomphemfumlo wam.
Ngenene ngelithutyana ndigcobile.

Ntsuku zobomi zihambile nathi sade saqhelana,
Loo miyalezo yothando kuthi ibingasothusi,
Isidima sobudoda ndiye ndaphulukana naso kobu buhlobo.
Ngokuchitha naw' ixesha kuthe kanti ndizenz' idini,
Le ntomb' indihlafune yogqiba yanditshicela kude!
Kuthe kanti ikho apho ibibhalelwe khona,
Mna bendiyindawo njee yokufundisel' intaka ukubhabha.

Uthando luka-Olothando

Nangoku ke ibhabhile!
Kodwa andikhali,
Kuba ndandisoloko ndisithi,
Sithandwa sam ngalomzuzwana ndisonwabile.
Loo mihla yolonwabo sel' ifana nentsomi.
Sele ndindedwa emqokozweni,
Oontanga bam basetorhweni.
Mna ndizilibazise ngaleNtsaduba.

Akuntsuku zingephi sele ndimbona esik'iphiko,
Ethe ngcu okwembulu kumnyunyuva wenqwelo mafutha,
Ngokwenene uthando lobuntwana lolwexeshana,
Eso ke yoba sisifundo kwimpilo yam.

O.E. Bolisi

29. AMAHLA NDENYUKA OTHANDO

Imini zokukhula zimini zovuyo,
Imini zolutsha zimini zoncumo,
Zonke zihla ngamqalamnye,
Uziv' ukhuselekile nkalo zonke.

Iyahamba yon' iminyaka,
Lifike nelakh' ithuba,
Ithuba lokuzibonela nokuzikhethela,
Urhabule ungcamle ungeva ngoondiva!

Ufikisile de wangena kule ndlela,
Yothando lwababini,
Intliziyo yabetha ngesantya,
Olu ke zange waluva
Alukho kwiintsomi alukho ekhaya,
Lutsha kambe lohlukile!

Lungu cimi danya okwe rhangasi,
Lugxagxaza ngesantya njenge ngxangxasi,
Luviwe lukude zingcali,
Sincome sithi kuyakhulwa kuyanyenyelwa.

Luhamba lukhubeke luxuzuke,
Luzale zinzikinzane neengongoma,

Uthando luka-Olothando

Zihlum' iziphene kukhul' iintandabuzo!
Kungen'inkwankca neqabaka,
Kuqal' ukungqiyaza nokudelelana,

Luyadanisa futhi luyabhubhisa,
Luyawuxhel' umphefumlo, ludal' amava,
Sonke siqale kulo safunda kulo,
Kambe abanye bafele kulo,
Kuba bengafun' ukusamkel'
Isiphelo solothando kunye
Namahlandenyuka othando olutsha.

O.E. Bolisi

30. EKUZENI KUSA

Lifikile ke elothuba!
Lelo xesha kanye!
Ixesha lamadinga!
Kamb' iintsizana ze-Azania
Zilal' okwemivundla,
Kuba zilindel' ukufezwa kwamadinga!

Yimi-Daka exhoba ngemithandazo!
Nox' igcuntswana lohlanga lixhobe ngezixhobo,
Zizint' ezilala zihamba okwembongolo, Zikrukra
zinqunqutha iintsimi ze-Afrika!
Kub'um-Afrik'eswele, woyame ngonqulo nango mthandazo!

Ukhalile ke umqhagi, angcokocha namathemba,
Kuba mihla yonke silindel' ezontsuku, Intsuk'
ezingcono ze-Azania!
Kub' embo phaa! I-Afrika ibiseGcibhala!

Kuyasa kuz' ukusa kwabanamadinga!
Ezemin' iimbandezelo zisadambile!
Koko kutshotsh' ithemba lomhl' ozayo,
Kaloku lilo eliphilisa thina kogob'tyholo!

31. IPHUPHA LOM-AFRIKA

Yanga ungatshona langa kwakhona!
Khon' ukuze sihlale sicimele,
Sibuk' ilizwe ngeliso le ngqondo!
Yanga ungalumlwa kumbele wesibhakabhaka,
Yanga ungafuduka uphel' emehlweni,
Uyekel' inyanga neenkwenkwezi zincance zanele.

Kuthi kwakuhlokom' umqhagi,
Umv' umfundi nomphangeli engqiyaza,
Kuthi kwakuba ngumsobomvu,
Ziqal' inqwithela zosuku ukunkenteza,
Embo gqithela ngaphambil' langa ndini!

Kambe wena ndiyakucekisa ndikonyelisa,
Kub' ugqats' iMidaka kwezo ndima zamaBhulu,
Avuthuz' avune kude kugob' umqolo!
NguMdaka ovuk' azule acel'itorho ezizweni,
Tshona langa sibe nako ukuphumla.

Ndiyavuya ndigcolote lakuba mathumbantaka,
Ngethemba lokuya kwilizwe legolide ne Oli,
Ilizwe elingading' mandla naqhosha labhatyi,
Elo ke, lilizwe lamaphupha!
Apho ke, ama-Afrika anokuphumla!
Apho ke sikhulekile sigcobile,
Akukho namnye onenkxwaleko nentlupheko,
Ntonje kuyokozel' izithembizo nobomi,
Ubomi obucwengileyo nobuteketeke,
Tshona langa kwakhona.

32. HLAMB' INTLIZIYO

Hlamb' intliziy' ucoc' ingqondo!
Jong' iimvakalelo wetyis' iingcinga!
Kub' zonke ziyakha, kambe ziyachitha!
Kambe zidal' iinzondo, kambe zidal' umanyano.

Yintliziyo yomntu eyabon' ubutyebi be-Afrika!
Yingqondo yomntu eyacing' icebo lokubhubhis' ama-Afrika!
Abhubh'abhaca aphac' esizweni sawo, Hlamb' intliziyo ucoc'
ingqondo.

Kuba zakubamdak' zidyobh' ilizwe,
Zigxob' imveliso nemfundiso yomntu,
Yintliziy' ende ebulal' indalo,
Yingqond' emdaka idal' iimfazwe!

Mayibe zezothando iimvakalelo,
Setyis' iingcinga, sicinge phamb' kokwenza,
Sihlamb' intliziyo, sicoc' neengqondo!
Kub' zakuba nyulu zibumb' iintsapho ze-Afrika.

33. MHLOBO WAM

Sikhe sonwaba sadlala kunye!
Usempilweni udlamk' okwe mpunzi,
Sikhe sajik' amagophe kunye,
Kodwa kunjalo sabambana onkwe nqindi!

Kungako kulungile ukuphumla!
Khe sichebani' iinduma siphululane,
Khe sizole sibukel' indalo isenz' ingoma!
Khe sijonge ngasemva sibukel' amaqhina!
Kuba bekukade sisenyuk' imimango!

Ungumhlobo kuba sidiben' ebunzimeni!
Ungumhlobo kuba sifakan' intsizi emanxebeni,
Awuvumi yonke into koko uyalungisa!
Iincoko zethu zezamava nobunzima!
Kungako sibona ngasolinye.

34. UMNTU

Sisilwanywan' esinoxanduva ukwegqith'
Eziny' izilwanyana zomhlaba!
Silwanyan' esinzulu ngokuphangalala,
Kuba sinamandla okuphikisa iingcebiso zikaSomandla!

Uluncedo, ungumbulali wendalo,
Ngenxa yobugqi nobuchule bakhe!
Ungummanyanisi nomhlukanisi kwabany' abantu!
Kuba mihla yonke ukhangel' ubunganga!

Ama-Afrik' ayabazi ubungozi bomntu!
Kuba yayingumntu owabhubhis' ama-Afrika!
Ehleli ezonwabele eMbo e-Azania!
Ngenxa yobuhle nobutyebi bayo!
Ngumntu odal' uqhekeko kwi-Afrika.

Umntu ulungile xa engakuQamata,
Kamb' umntu unobungozi akukangamhlonel' uThixo!
Kub' umntu ingoka Somandla,
Iphupha nemibono yomntu ihlalutywa nguMdali!
Kodw' umntu ngeyakh' imibono ngumgcipheko!
Kub' intliziy' iingoneli xa ikude noSomandla.

35. KOKHIWA UMNTU

Xa kuyiw' emfazweni kuba krakra,
Kuba kuza kulolongw' indoda!
Xa kuzoqal' itumente kuba manzithinzithi,
Kuba kuvavanyw' amadoda!
Kambe xa kuzoba zimviwo kuyenyukela!
Kub' umfundi ulal' ejongile!

Ubomi bakha umntu, umntu wakhiwa ziindlela zobomi!
Umntu uzele ziimpazamo, iimpazamo zikhulis' umntu!
Iminqantsa namaqhina alolong' umntu,
Umntu ubunjwa ngamaqhina!
Ukulila kuyinxalenye yendlela.

Ukukhalaza ayikokuphila nasisombulo!
Kub' intsuku zonke siyavavanywa!
Nyaka nanyaka silw' amadabi!
AweNgqondo netliziyo!

Qin' unqule ungayeki M-Afrika!
Hlal'usazi ukuba intshinga ayakhi mntu
Umntu uzingca akhuthazwe ziimbandezelo neminqantsa!
Kuba ziyinxalenye yempilo!

36. KUKHO UKUKHANYA

Kancinci kanncinci siyawela!
Kambe nethunzi lobumnyama liyasuduka!
Kambe nezivunguvungu zezaqhwithi ziyathotha!
Yilonto sizikhoth' amanxeba!

Wen' ukhe uthule,
Ubukel' izimvu zakho zibhadula,
Ukhe ukh' uzibandeze unganqandi!
Ubhangise onk' amagugu esiwakhonzayo,
Usibukele ngomonde sivavanywa nguMtyholi!

Kodwa Qamat' umkhulu wena!
Zithi zakuvalw' iingcango sikuqonde,
Sithozame sithobeke sikulungele.
Kancinci kancinci siyawubon' umahluko.

I-Afrika ikho isaphila!
Nohlanga lwayo lukho lusakuzukisa!
Bazamile ukoxutha isimilo sethu kodwa bohluleka!
Bazama ukusenza iindlobongela ngazo iziyobisi,
Kodwa nalapho bohluleka!

Sijongene kona neenzingo zangabom,
Ezidal' ama-Afrika axhaxhane axhelane,
Kodwa kunjalo siyaphila siyaxolela!
Kancinci kancinci siyawela.

Uthando luka-Olothando

Sakuthi sakuphatha silawul' I-
Afrika ngobu Afrika nangoxolo,
Sivuselele ubuntu nokwangana kwama-Afrika eAfrika,
Sivuselele nezazela sincothule nobukhoboka,
Kalok' ukho umehluko nokhanyo noxolo.

37. INGCA

Ikhe ibune itshe ilale,
Ife fi! Ibe lihlungu
Nqwa nobhaxa wenkom'efileyo.
Imbatshe okwe nkwenkwe ebusika
Ngenxa yeentshutshiso zotshaba,
Zibalek' izihlobo ziduke zibhenele kwamany' amadlelo.

Kuthi koba sisilimela uyibone ilikheswa,
Ihlaselwe ziinzingo zalo mihla,
Ikhase iqingqe yodwa kulo mimoya igquthayo!
Kuphele nabo banemfesana
Yokuthandaza bethandazel' imvula!
Lome nko usana okwe ntlango,

Bunjalo-o-o ke obu bomi!
Buyi ntlakohlaza bubusisilimela!
Bulikhala buyincindi,
Bunga mahlandenyuka,
Bungamagophe, bungamajikojiko!

Ziyathuthuzelwa zosulwe iinyembezi nguMdali!
Ame aqingqe kwakhona lomfo,
Umbone ehluma eluhlaza ngephanyazo
Zidane zibuy' izihlobo emasimini nasezigadini,
Apho ke bekubhuqisw' iindiza zezo ntsimi
Kalok' intlakohlaza igalelekile.

Uthando luka-Olothando

Kuthi kwakubanje kuthi thaa!
Siyibukel' indalo inxibelelana,
Zithandane izinto zikaThixo zidibane!
Kube kuhle kuyokozel' iNdumiso!
Okhalayo namhlanje makazole,
Osentluphekweni namhlanje makaxole,
Aqine omelele azame,
Hleze athweswe isidanga soloyiso!

O.E. Bolisi

38. SIQHELENE NOBUNZIMA

Namhlanje uyafukuza!
Uhamba kwimini engenalanga,
Uvunguza kubumnyama obungena nyanga!
Zinqabe nezonkwenkwezi zokukhanyisa,
Zikhanyise lo ndlela imxinwa.

Zibuhlungu zinjalo imini zobomi,
Uthi usancumile wonwabile,
Suke woxuthw' umbele ngephanyazo,
Ukhal' ujube okomntwana!
Umangale umangalel' uMdali!

Inde le ndlela, futhi kuyo sifundile!
Ibikwasithi emandulo sixov'udaka,
Sirhida sisinda sihombis' izikolo zethu!
Zikwi zing'eliphantsi pha emaphandleni,
Kodwa kunjalo siphume sipheth' iintshinga somelele!

Akukho ukukhala ke kule ndlela,
Kuba sidibene neminqantsa namanzithinzithi,
Nakwel' inqanaba lobomi uzodlula,
Uphum' ungenamkrwelo, koko ubunjwe ngokutsha,
Kuba le nto ibubunzima yakha amaqhawe,
Kungako singothuswa ziindudumo ezidlula
Njengo mlilo weendiza!
Ama-Afrika azidla ngentshutshiso,

Uthando luka-Olothando

Ama-Afrika azidla ngeenduma,
Kodwa emva kwalo manxeba ,
Sibuya sisenal' uxolo lobu-Afrika!
Kuba silulo uxolo nothando.

39. UXINEZELELO LWENGQONDO

Sisifo sobumnyama obungena nyanga!
Sihlasel' iimvakalelo neengcinga zexhoba,
Sinqwa nempehla ukugqala nokunqunqa,
Sigebeng' inkuthazo nethemba emntwini!
Sandule ngokumnik' iingcingane zokuzibulala.

Sisifo sale mihla yempucuko,
Esidalwa ngamahla ndenyuka yale mihla,
Esidalwa yindlala nomvandedwa,
Maxawambi uziv' uwedwa sele ungenamcedi.
Uzive ungenasizathu sakuphila.

Sithi xa sifikil' uziv' uwedwa ebantwini,
Lithi xa liphuma linge lingatshona!
Lithi xa litshona linge lingaphuma!
Ligqwirha elithimb' injongo ngobom.
Kuse kusihlwa nguphel' injongo ngobom!

Sixhaphakile ebafundini nasezidolophini esi sifo,
Kuba kulapho kuphilwa ngemali nangengqesho,
Kuba kulapho kungekho buntu nabantu ebantwini,
Ebantwini kuzel' ukuxakeka noburhalarhume!
Ebafundini kuzel' intswela ngqesho nokudinwa!

Uthando luka-Olothando

Sasingekho mandulo esisifo!
Kuba umntu yayingumntu ngabantu!
Uluntu lwalunexesha lokuhlala lungekho maxhaphetshu!
De luqalaphele nengxaki encinane,
Lukhawuleze luyithintele ingekaqanduseli.

Malubhangiswe uqoqosho lwaseNtshona eAfrika, Mayibhangiswe
indlela abafundiswa ngayo abafundi be-Azania, Bafundiswe
ngezifundo ezinxamnye neentlalo yabo. Mhla kwenziwa njalo,
kuyotsho kubelula ubomi babo.
Kuba kule mihla bachitha ixesha bezama ukunxebelelana
Nenkqubo yaseNtshona,
Yiyo lonto sisifa luxinezelelo lwengqondo.

40. KUFA AWUNASONO

Izandla zakho zihlala zivuliwe
Zilindel' ukwamkel' imizimba nemiphefumlo,
Iingcango zakho zikhamis' oko mzi ongenabani,
Amasango alungiselelw' amahlwempu nezinhanha!
Kulapho badibana belusaph' olunye!
Apho balala bengabikwa hlaba.

Bambi baninzi bekuthuka bekuhewula,
Izizwe zonke ziyakuzonda ziyakuqalekisa,
Bonke abaphilayo bekukhomba bekutyhola,
Besithi ulisela ungumoni.

Zezani na ezi zityholo?
Otyakatywa ngazo ungenatyala!
Apho ukhoyo ulusizana ungenamhlanguli,
Wokuthethelela nokulamlela,
Kubatshutshisi abakugxibha bekwenyelisa!

Naloo ke elosizana esiphambanweni,
Luthwel' amatyala wamagqwirha nababulali,
KaGawulayo nesifo somhlaza,
Engozi zeemoto noonqevu bemigulukudu,
Edubul' ibulale abantu!

Uthando luka-Olothando

Kuloo mqamlezo kufa ulusizi,
Kub' umsulwa ungenasono,
Isono sakho kukulunga nobubele,
Bokwamkela lonke uluntu,
Oluza kwelo khaya lakho.
Ikhaya lokuphumla naphakade!
Ikhaya lamaxhoba axhatshazwe zizihange
Nazintlungu zobomi nehlabathi!

Iyakuz' ifike yon' imini esisidenge,
Kubhentsisw' inyani, kubhang' ubuxoki!
Kubanjw' ababulali, kuyekwe wena Kufa!
Kuthethwe ngoonobangela bokufa,
Kukhululeke wena Kufa! Kuba Kufa
awunatyala,
Koko wamkela imizimba nemiphefumlo!

41. LAPHUKIL' IPHIKO (USABA MBIXANE)

Wakhiwe umkhumbi wagqitywa,
Laqingqwa labunjw'iqela lwaluqilima,
Sangqisha sixhentsa ngasingqi sinye!
Lawalw'amadabi obomi lawatshatshela!

Namhlanje sinyembezana siyalila!
Isela lomtyholi nakuthi lifikile,
Lamanga lambek' esifubeni oweth' umhlobo,
Wambambazeleka kuloo ngquphantsi welif 'elimnyama,
Apho kulalwa kude kube ngunaphakade.

Namhlanje siyayiloza sitsho ngesandi sencede,
Intak' elibhityo engenazingqi nazandi!
Kalok' ugxagxa lwentsikizi luxuthiwe,
Zintab' ezinde khulani ukunzonza,
Amabhityo mawafak'amaty' ezipokothweni,
Kalok' inqwelontaka ijong' ukunduluka,
Indize ibhabhe nomphefumlo.

Sisayakuncom' imisembenzi namabala,
Sisayaku nyathela kwezakh' izithende,
Sibalise amavo namava,
Adala uyondelelwano kumzi wamaMpondo nomXhosa,
Wanga lomphemlo ungathi ukuzinza
Athule tu abe noxolo.

Uthando luka-Olothando

Zizwe zaseNatal siyabulela,
Ubukumkani benu nibususile,
Navuma namthwes' iintshinga umsasazi,
Ngumdibanisi wesizwe,
Owonyul' usizukulwan' somgquba kwinkohliso zaseNtshona.

Tshotsho ninendlebe nina mabhulu amnyama,
Zinto ezidel' ulusu nohlanga lwazo,
Benikho nimamel' ukubuyiswa kuhlanga.
Icekwa likuni ke zintaka ezi nzipho zinde,
Icekwa likuni ke zintaka ezimlomo bomvu,
Oka Mbixane ugqibile ugqatso ulufezile!

Akwaba ungaqwayitwa wenziwe nedini
Elifundisa thina Midaka akwaba besazile,
Silibambe lingatshon' elolanga
Akwaba besiqondile,
Sisale sihlwayela loo ndima ubukad' uyilima!
Inkulu ke indima osishiy' nayo
Yanga ungafa uvuke unamandla kwakho,
Uphefumlel' imizamo nemisebenz' yethu!

O.E. Bolisi

42. KUNI ZIHLOBO NEZALAMANE

Maxesh' onke sicel' impilo!
Siguqe ngenkul' intobeko sicel' impilo!
Sibongoza sifunisa ngechiza!
Iinzame zokuphila nokuphil' iphupha!

Le ndlela ihamb' ibe nokusilawula,
Sizule sibhadule okwe ntatheli,
Sikhangel' igolide neqhosha,
Kuthi kwakubanje ziband' izindlu zeMidaka!
Ivulek' imisantsa yemfudumalo.

Ma-Afrika ase Afrika uthando luyavuselelwa!
Le nt' ingumntu ifun' iman' ikhunjuzwa,
Isondezwe yangiwe ngexesh' isesempilweni,
Mayikhunjulwe ngexesha lamazimba.

Akwaba singahlala ngawo ke umthandazo!
Umthandazo wothando noxolo nokubukana,
Ufudumalis' izihlobo nabahlobo bethu,
Kothi xa lifik' elo xesha labo lokuphumla!
Ikhululek' eyab' imiphefumlo,
Baphumle ngoxolo nangozinzo,
Bawele loo mfula njengee nzwane nenzwakazi.

43. ISIZWE SETHU

Mhle uMdaka! Mhle bethu!
Mthath' umhlambe,
Umsul' umthambis' umoneke!
Woqhakraz' abengezele njenge nkwenkwezi
Luhlang' oluhle ezizweni!

Dongwe lwe oli ne golide ye Afrika Luleli
phez' kokhukho lwegolide! Kambe zizwe
zaseNtshona nisisonyeliso Madel'
buthongo ngokuthakatha!

Zancam' ubomi izithwala ndwe zethu,
Zizamel' umntwana!
Zalwa zagquba zoselwa,
Ngokholo loku khululeka kumakhamandela!

Ukhululekil' umzukulwana woMzantsi Afrika
Samthuma sathi makayozixhobisa,
Khon' ukuze abuy' azoba lukhanyo kwiMidaka,
Uhambile wabuy' cthwel' isitsaba nezambatho!
Sath' ukumcel' asondele kwiintlanti zooBawo,
Simbuke simlozele!

O.E. Bolisi

Wale kwam' ilanga!
Zakhal' izikhova lihlab' umhlaba zixel' umhlola!
Engamang' usingay' enyevula!
Etsho ngempakamo ephakamel' abakhe,
Ababebila besoma bemlungiselela!
Kubuhlungu kukrakra kunjalo kuthi Midaka!

Woz' ubek' umntwana kulawulo,
Umshiye nelifa nemikhala
Atsh' ukuthengisa ngani ezizweni,
Atsh' ukwambatha iingubo zotshaba
Kambe abanye bafuy' iinyok' ezindlwini!

Siyiminqandandana silusizana
Sicula sixhentsel' iingoma zeziny' izizw' e-Afrika
Siziva sibancinane nakwinkolo zethu, Sizithemba
ngezinxibo zeziny' iintlanga Kubuhlungu kunjalo
kuthi Mdaka!

UMhle m-Afrika wase-Azania umhle.
Ubunga ungohlukana nomkhwa weembulu,
Umkhwa wobukhwenene
Uqin' umilisel' umthetho weemfene esizweni sethu!
Kubuy' ukudengeka kuni lutsha
Hlubulan' ingubo zeNtshona niz' eluntwini, Koba
yimibhiyozo nothakazelelo kuthi ma-Afrika, Kuyoba
yinzuzo kwizizukulwana!

44. IINYAWO

Kukhe kwenzeka!
Zazalwa kunye zalala kunye,
Zityokololo oko msundululu
Zingenak' ukwazanya zincediswa!

Ziqengqelekile ziliqela zon' iintsuku,
Bombulwa nobulembu kuzo,
Laqal' ukugabadula liqingq' elasekhohlo,
Lath' ukuqingqa lisenz' imizamo.

Kuhle apha kuyancedwana kuya phelekwana!
Bekuthi wakuma uMnxele afunqul' umMnene,
Kube njalo ke am' ukuma amawele!
Yanga ubungawabona xa eqingqa umzuzwana awe kunye!
Lubambiswano kumzi kaNantsi kuyancedwana!

Nto zobomi ziyafika zohlul' ubuhlobo!
Zikhe zakhuphisana zisenz' ubango,
Athi ndim phambili ndim phambili!
Ukhe wafikwa ngamev' umneno
Wathi ukuwa enikezela,
Ezibangula eziphulula.

Maxesha athile ubomi bunqwa neenyawo,
Besifudula sikhula kunye sifunda kunye,
Singabikwahlaba sidlala kunye,
Sohlulwa zindudumo namaphupha.

45. BUBOMI OBO

Ukhe udade emarhiwin'aluhlaza
Kuyokozel' amathamsanqa nochulumanco
Uziv' uphambili uthwes' iintshinga,
Ub' ubabon' ebebekunye nawe bedangele,
Bezikhoth' okwezinja bebangula,
Kuyashiywana kule ndlela
Kambi kuyafunyanwana kugqithwane kwakhona.
Kunga kungasusw' iinkcuku kwamkelwe,
Kwamkelw' amahla ndenyuka nomgama wabomi
Bubom' obo!

46. QAMATA UKUKUKHANYA

Kwakutshon' ilanga usinik' inyanga,
Yakudinw' ukutshotsh' inyanga, usinik' iinkwenkwezi!
Ngentseni usithi jize ngomsombomvu okwexeshana!
Kub' ubumnyama nokukhanya kufunyanwa kuwe.

Qamata ukuko ukukhanya,
Akukho zizungu, nazithukuthezi,
Kub' undambese ngeentaka, ngemihla yemivandedwa,
Zitsho ngecul' elondl' umphefumlo,
Kuphole ngaphakathi, kube luxolo ngaphandle.

Emaqhinenin' akwiinkqantosi uyandihlaziya,
Ndakuba likheswa uya ngokukhanya!
Kub' ukhanya ezintsizini,
Obakho ubulumko busesona sixhobo,
Kwimihla yam yokuphila,
Qamata ukukhanya.

47.   KUHLE KE NKOSI

Akho loo maxesha,
Apho siba manxada-nxada singabi nakugushuza!
Apho siba manxebanxeba zinzikinzane zobusika!
Kucim' ofunyafuthe bokukhanyisa!
Kuhle kuyalunga Nkosi, Angqin'
atsho namaXhosa, Zikho zona
ntonje sinyamezele!
Kwakukhanya thina siyabulela,
Kuhle kulungile ke Nkosi.

Sililela kuwe ke Somihla!
Kwintsuku zokukhedama kwethu,
Sililela kuwe wena Mazizonke,
Kwimini zokudinwa nokuphalala kwethu,
Kanye xa kuphel' ubuciko nolwazi lethu,

Zikho zon' iincwina zemihla,
Eziquk' izivubeko zethu,
Eziquk' izifo ezibhubhisa thina Midaka
Kodwa sisakholwa siyaqhubeka
Kuba sinokholo lokwenene
Kuhle kulungile ke Nkosi.

48. IINGCINGA

Kunga maqhina kunga mafu!
Yinkung' embhaxaka mtyholi!
Egubungel' imibono nephupha!
Egqum' umzila womhambi,
Banoyolo banovuyo abasentanjeni!
Kungumdiliya ne oli kubo,
Bayo gabul' unxano kuloo ndeb' iphuphumayo!

Ndilibhitywazan' elingxungxe phez' kwesitulo sodaka!
Ndindandela phantsi okwe Mpangele, Ndikatswa
ziinkumbulo neengcinga!
Kambe ezo ntsuku zingunobangela wale nkxwaleko,
Ezinye zezo ntsuku azinakubaliswa,
Zivuselel'isingqala neembandezelo!

Andibikwa hlaba ngakwi zigulo maAfrika
Koko ndigula ngeengcinga,
Ezixhonx' iinkumbulo zamathub' obomi,
Mathub' aphosekil' endyebo!
Ndigula ngeengciinga!

Zindiphethe zindambethe!
Zixel' inyok' enkul' ezibhijayo,
Zitsh'inqawe' inqab'ukuqhuma!
Icebo liphel'entloko
Ilanga litshon' emini!

O.E. Bolisi

Ndigula ngeengcinga.
Bubuvuvu ezezityholo,
Ezithi khandizabalaze ndizam' impilo!
Kumathuba bendihamba ngesivinini yinkuthalo,
Ndizam' ikamva neempiko nto nje iinzame zaphanza!

Nam bendinga ndingaliphucul' elo khaya!
Nam bendinqwenel' okuhle ngabazali bam,
Koko ke andinakugxekwa!
Zezo mhlaba nam zindoyisile!
Ndigula ngeengcinga.

Amathub' empumelel'aphosekile!
Yanga angaluqal' ugqatso ogxekayo,
Athi ukunyathel' apho ndihambe khona!
Hlez' afe kumgama wokuqala,
Aqal' aqonde eyam indlela!

Sonke siyazama,
Ngandlela zonke siyacenga,
Ngalomandlana siyachothoza,
Ngolo lwazana siyafonyoza,
Akakho onak'ukugxekwa!

49.   UKUTSHONA KWELANGA

Zonke zidla zigoduka,
Zakuthi zizuze ukuphumla,
Ibe lithunzi nokuzola,
Kuvuselek' ithemba langamso.

Litshonile ke kungazikiswa,
Kucwangciswa kwakhona,
Hlez' amathuba asekho,
Hleze amathuba asekhona,
Hleze sesifikil' entanjeni.

Kuhle ukuzikisa nokwazi
Ukub' ubomi ngumjikelo,
Usisangqa, ungqisha ndawonye,
Namhla ndim ngomso ngomnye.

Mawubhangisw' umona,
Kuhlum' ukuqonda noxolo,
Inyanga nayo iyakhanya,
Neekwenkwezi zenza njalo!

Ixesha lokutshona kwelanga lixesha lokuzola!
Uphumle kumandlalo uphicothe ezemini,
Ingxoxo yangaphakathi ilungisa iziphene,
Khon' ukuze kwakusa ungafani kunay'zolo.

50.   SIBANE SAM

Langa langa,
Ukhutshon'emini uxel'isiqabu
Ungabhungis'njengo kufa,
Ndisalé ndikwanti ndingenaqhinga,
Zindivuyelel'iinyoka namalulwane.

Ebutsheni bam yibakho!
Undange oko Mgcini,
Ubone kude oko Mprofeti,
Utsho ngelitha elithe thaa ukukhanyisa,
Ukhomb'indlela enemiqolwana.
Sibane sam hlal'uqaqambile.

Kukh'intsuku zikabhadakazi,
Iintsuku zoloyiko nembandezelo
Ezinditsho ndilahle izikrweqe nezixhobo,
Uvalo luvungam' intliziyo ikrazuke.

Awu!! Kambe wena nyama uyinqatho
Maxa wamb'ubukek' ubengezele uchulumancile
Kodwa intliziy' nomphefumlo zimanxebanxeba.

Ndiyakumema Sibane,
Uvuthe ngelo dangatyana
Umince uphepha-phephe loo mimoya nezoo mvula,
Eziceb'ukucim' indumasi yakho, Hlal'undihlangula

51. SIMILO SAM

Kuma geduka hlal'uthobekile!
Nakwintswelo nakwintlupheko uhlal' ulinene!
Ubeyinzwane ungaguqulwa zinkxwaleko!
Ulawuleke ucwenge ulindele kuMdali!

Ikho yon' imimoya iyagqutha!
Ivavanya izimilo zethu maxesh'onke!
Abaninzi bawele ngeneno kwentambo,
Kodwa wena similo sam useyintsika usomelele!

Yomelela wenze njalo kuloo maqhina,
Undithwale undifihle kwiingcinga zobugwenxa,
Ezidal' uqhushululu nokuhlukumeza,
Jongana neyam indlela mihla yonke!
Usus' amehlo am kwizithebe zabany' abantu,
Hleze ndizal' umona nentiyo,

Yiba nam ke kule ndlela,
Ungothuswa zizitshingitshane ezingenamandla,
Thul' uthi tuu!
Undondle ngothando mihla yonke,
Uhambe nam de ndizuz' ukuphumla!

O.E. Bolisi

52.   NDIYAZISOLA

Umzimba wam uyaphikisana neminyaka,
Ndimtsha ngokuzalwa ndigugile ngokwe nkangeleko,
Izihlunu zam zigwanyile okwe nkonde .
Naw' ungafung' uthi, ezam intsuku zibaliwe.
Ndinjenjenje ziziyolo zomhlaba.
Obam ubom ndibugxagxise okwemali ebiweyo.
Bendingama phuthahlathinye noomam' uyandichaza.
Ngalo wam ndirhabule ndagongqoza.
Ngalo wam ndifunxile ndatshaya.

Yiyo lonto ndiyingwev' entsha!
Namhlanje ndithe chu oko fudo, ndihamba ngecala,
Ndibabuhlungu xa ndibon' ontangandini bedlamkile,
Ngeyab' imizimba bezigobh' amacala bechulumancile.
Bezizihombiso ezihombis' isizwe namakhaya!

Wen' uzunga nyathel' apho ndigqithe khona,
Inkangeleko yam mayibe sisifundo kwimpilo yakho.
Uzuqul' ufunde ukuziphatha.
Kuba amaxhalang' omhlaba akulambele.
Uzuhlale phantsi kwempiko nakwimfundiso zabazali,
Ngokwenjenjalo wobe uzisindisa kokhetsha.

53. UMNOMBO WEKHAYA

Umntu nomntu uphum' ebantwini!
Umntu phambi kokub' akhokhel'isizwe
Uqale azi amasiko nezithethe zekhaya.

Akukho nkokheli enobamb' umthetho wesizwe
Ingaqalanga yahlonela ikhaya layo,
Akukho nkokheli enokuthand' iziswe,
Isoyiswa kukuthanda nokuqhayisa ngosapho nezihlobo zayo.

Masizingce ngobu-Afrika!
Sifunde sintinge kodwa singohlukani nengqondo yemveli.
Sizikhwebule kwiinkolo ezonyelisa okhokho nomnombo wekhaya.
Sizibhebhethe iinkolo ezikhuthaza iyantlukwano.
Kuba olona thando lungenamda lusekhaya.

54.   UNGUNI NGENGOMA

Zintambanane ukutyityimba!
Manzi kanocokwana ukutshotsha nangokutsholoza!
Mahash' omxhentso ngamatshamba nangokutshambaza!
Mathwas' endalo ngenkenkqe nangehlombe!

Ndizizulil' izizwe,
De ndabhabhela phezul' emafini,
Ndagudlan' imihlana neentlanga!
Kodwa ndikhumbul' ikhaya nezalo,
Isizungu notyhafo zindongamele,

Ndikhe ndahlala nomlungu,
Wathi wonwaba ngeqhosha elingenamthunja,
Ndazula ndantingela kumaNdiya
Nabo batsho ngazwi linye!
Ngenene uNguni wahlukile,

Zihambil' iinyanga zandixhonkxa neemkumbulo ,
Ndagqots' ukusing'eKoloni,
Ndifika kusisangqa nedangatye,
Kutsh' intsholo nakwammelwane,
NguMdaka nengoma!

Uthando luka-Olothando

Hamba bheki-i-iile!
Asiyiqubuli ityhutyhatyh' umzimba wethu,
YekaZulu noXhosa,
YekaSwati noNdebele
Yeyom-Afrika!

Kambe neMidaka yakuth' eseMelika iyavakala
Ihlasimlis' umxhelo wezizwe ngezizwe,
Apho kudiben' iMidaka ikhona ingoma
Singamaphuth' ahlathunye nengoma!

Zifikil' izizwe ngaphambili
Zohlutha umhlaba wethu
Zohlutha nezixhobo zethu
Kodwa zisaxakene nengoma yama Afrika.

55.   UMBASHE

Hamb'uhambe mnyobo weKoloni uy'emazweni!
Kad' utyhuluba uthutha-thutha imishologu,
Eya kwaHala nakwaGcaleka,
Kad' ubangwa yiNgcobo neDutywa
Kambe bathi eXhorha lelona khaya,

Mavula kuvaliwe!
Ugandaganda ogudl' amathambeka,
Uhlal' ecand' amathafa okomalusi.
NguNyawo lwambeth'indlela
Otyhutyha-tyhutyha iindonga zikaNongqawuse noTshaka.

Ngu mahluli weDutywa noMthatha.
YiKumkani kwimifula, kwimilambo nakwimilanjana.
NguNdlunkulu kumathwasa nakumanyange.
Yitempile kumabandla nakubefundisi.

Ngummeli wesizwe sikaGcaleka noMthembu
Liqhayiya kumaMfengu azinze kwilali aphez' kweliwa uXhalanga.
Wofik' egquma ebamb' indibano nabakhe,
Zonk' ezozikhalazo wokuzis' elwandle, Apho
wohlinz' impuku neNciba neThukela.

56. I'SOLEZWE LESIXHOSA (IPHEPHA NDABA)

Kuba luvuyo kube liqhayiya wakuzalw' unyana!
Uv' ikhaya lizingomb' isifuba ngendodana,
Azive nomolokazan'emkelekil' emzini!
Kunjalo ke nakuthi maNguni!

Sizalwel' uphephela ondand' emafini!
Ohamb' erhugul' amalongw' emathafeni,
Ngethemba lokuphemb' iimbiza zeMidaka,
Ze ziphakwe zitshis' ezondaba,
Zixoxwe zixovulwe zisonjululwe zinjinga!

Makube njalo ke malal'ejongile
Wenyus' intaba ka-Zixesha!
Ubukele konk'okwenzek' ezantsi elizweni,
Walus' izimvu zesizw' i-Afrika!
Kamb' uthi waku weli uMbashe ndimangale
Ndisinge aph' ubheka khona.

Ungumahlal' evundlile okwe Joni
Wonyul' amacangca kumkhosi wenyosi,
Zigqalwe zonke ziziswe eluntwini,
Zingcambaziswe zitshutshiswe.

O.E. Bolisi

Kulunge kunjalo kuthi Midaka
Kuba sinomcuphi nomzingeli,
Ohamba etyhutyh' imimango
Ezingel' ezitshis' ibunzi!

Yanga ungahlal'uhleli
Ume uqine ufikelele kuHlanga
Sekulithuba sihamba sikhongozwa ezizweni
Lelo thuba lokuzondla ngeyeth' intusi
Sibe zinjoli, sabele neziny' iintlanga
Zikhonze kuthi zigobe kuthi!
Makubenjalo Jong'ilizwe!

57. IIMBONGI AYIZOMBONGI

Wofika zingqokola zitsho ngegumgedle.
Wofika zitsal' imixhadi zibhomboloza, zigadlela!
Kambe wofika zigaxele ziqulile, zityhala zibhala
Kodwa nakubeni kunjalo abazombongi.

Mna ndibon' iinkumanda,
Ezithi zakuthetha ndifun'ufunz' edabini.
Ngaba kwaLizwi!
Zithi zakutsho kuguquke abaphambuki!
Zithi zakutsho babuyis' iinyawo abo bandlela zigwenxa.

Ngabakhuthazi nabanik' ithemba,
Kwababhujelwe ngamathemba.
Ngabakhanyisi kubantwana bomgquba,
Abalahl' ubuAfrika babo,
NgabaProfeti ababon' ubungozi bento isekude.
Ngosopolitiki abasivul' amehlo ngobuzwe bethu.
Nangoku iimbongi ayizombongi!

Ngoo zwi alinakuphikiswa!
Kuba bebhala, bethetha
Bekwilizwe lemimoya.
Kowu! Le nto inini iliqhayiya kwabo banendlebe.
Nizizinto ezingenakulahlwa.

58.   UKUBA NDINGAHLALA NJE NANI!

Ndinombono weloo khaya!
Apho…iingqondo zemveli zihlangene
Apho iingxabano zilungiswa ngeengxoxo.
Apho singenokunqand' amahay'-hayii,
Siphakamise nezigalo.
Thina ezeth' iizikhali ngamazwii!

Ukuba nje ndingahlala nani!
Ndingaphil' okosana olukhulela emzini wezinhanha!
Ndiba buhlungu xa sisohlukana!
Kaloku ndithi ndoba ndedwa ndilingeke!
Ndithi ndoba ndedwa zonde ngam iimbandezelo.

Mna ndiyakholwa xa sinoba sonke asinokukhala ngendlala,
Singenokuthi ngenxa yeenzingo ezisambetheyo
Sizibone sesibhenela kudlomdlayo!
Iimbongi ntozakuthi ziphila ngokucebisana!
Iimbongi ntozakuthi ziphila ngokonyulana!
Asifuni kubona oobani bebukulana!

Hayi suka! Indalo yakho Mdali
Ngamany' amaxesha ndiyayiqalekisa!
Akwaba bendizelwe neembongi zomthonyama ngendimamela!
Akwaba bendizelwe neembongi zosiba ngendifundile!

Uthando luka-Olothando

Akwaba bendizelwe nezeqonga
Ngendinombono wezezoziganeko!
Mna ndizokunakhel' ipomakazi le ndlu
Ukuze sizohlala sonke.

Kalok' imbutho zembongi ziyaphila,
Apho kukho zona kuhlala kukh' ukukhanya,
Kuba ngamazwi ziyakhanyisa,
Zizibane zesizwe, ezineliso lengqondo,
Kungako ndinilangazelela!

O.E. Bolisi

59. UMZINGISI

Uhlal' epheth' ityuwa okomzingeli.
Uth' elapha ab' ephaa!
Owakhe umzi uhlal' ubanda,
Ngumaw' eqingq' okosana!
Ngumaliwa ngumfazi ngenxa yendlela!
Ngumathunywa zimbila ngenxa yenkuthalo.
Owakh' umqala uhlal' egquba okwe nxila linxaniwe.
Wofik' ehl' esenyuka efunisa ngemizi eqhumayo.
Kakade umfunzelo uxhatshazwa ngamayuku
Ayivulileyo imilomo.

Indlela zomzingisi.
Zithi inzingo zakugubungel' uhambo,
Ajik'athathe engasekunene.
Uxhentsa ezombelela,
Uhlal' exwayile, epheth' izipeleti
Zokubangula loo meva,
Udla ebeka okwe nkedama.

Ngumlimandlela,
Maxa wambi ude athi makangaphakelwa,
Kuba esazi olwakh' uhambo luyazilawula!
Yena kalok'usazama,
Usakhangel' idlelo nedama.
Mhla kwaphel' uhlungu ekhaya uyakuza notshintsho,
Uyaw' hamba ngomnyunyuva atsho nge pomakazi.

60.   OONDANDA KUDE

Nango ke loo maxhalang' engqungelene,
Abelan' izithebe ngemfuyo yakowethu,
Lath' ukusondel' uluntu ngethemba lokwabelwa,
Khwasululu!! Zanduluk'intwezinkulu.

Zint' ezixoxa ezakwamdlezana zisebhomeni!
Zizinto ezixoxa ngengxaki zamakhaya zingenalwazi,
NgamaHlungul' amahle ngesinxibo,
Lwimi lubetha myoli lulalis' isingci somqalwa wehashe,
Lithi lala gusha ndikuchebe.

Ndiyile kwasibonda nakomkhulu phezolo,
Ngethemba loyokumangala,
Umnt'omkhulu undikhomb' edolophini,
Apho ndixinwe ngonobenani ndatsho ndanengevane!
Ndithathwe njenge mbudede kasihamba nje.
Laphel' ithemba ngelizwe lam iAfrika.

Ukhe wafik' umfo wasemzini,
Engena ndlu nendlu ebuzisa ngeemfuno zethu,
Zadwela kwiphetshana elinika umdla
Wandula ngokusicela esibongoza simenz'
Ummeli wethu phakathi kwezontaka!
Senjenjalo ke nathi sisethembeni.

O.E. Bolisi

Zihambil' iintsuku sizolile silindile,
Ngephanyazo ndamthi tshe kumabonakude
Sembathe ngubo yimbi ngubo yamahlungulu.
Ethe ntsho kwiphetshana elimkhokhelayo,
Laphel' ithemba ngelizwe lam iAfrika!

Ndikhe ndasikwa yinimba ngesizwe sam
Ndazenz' idini neqhawe ekuhlaleni
Ndath' ukumangalel' abathengis'iziyobisi.
Suka ndayintlekisa kwabezomthetho
Umtha wedolo notyhafo wandosela.
Kanti naku loo misebenz' imdaka bakho basalawula!
UMzantsi Afrika i-Afrika yonke bakho bayalawulwa!

Zikhe zehla ngokuhl' iziganeko,
Sicela sibongoz' imivuz' engcono kumphathi wethu
Sazicela nezethu iinkokheli zingenelele zincedise,
Zatsh' ukusithumela ngezinxiba-mxhaga ezinombayimbayi!
Zaqhumis' irhuluwa kuthi kwama ngazo,
Nantso ke lo mihlolokazi nezohasi zidangele!
Ma-Afrika nizazi kakuhle iintaba saseMarikana
Ma-Afrika akho lamahlungulu ayalawula!

Ndikhe ndaphuthelwa ndiphethwe zezidl' amadoda,
Ndath' ukuvul' ithotholo ngethemba lokuzimbambazela,
Ndive ngezikhalo zabo bafun' ukwanyiwe
Kwingxokolo neenzingo zobomi,
Zeza ziluthotho kumbexeshi-nkqubo wakwa Krweqane!
Ngenene basekho abasaphil' ebumnyameni.

Uthando luka-Olothando

Ngenene uluntu lusaphila ebumnyameni
Ngenene akakho onako ukuhlangula thina,
Ikhe yavakal' imvumi yokholo
Yatsho ngentsholo yemvuselelo,
"Bek' ithemba lakho kuye uthuthuzeleke" Ndee
zole cwaka tu ndazikisa, Ndalisusa'ithemba lam
kumakhiwane e-Afrika! Ndathi ukuthandaza
umphefumlo ndaxola. Ndalibala ngelizwe lam-
iAfrika.

O.E. Bolisi

61.   SESIPHILA NGETHEMBA

Sihambile ke usithwele,
Sawaza ngomva amakhaya sasithela!
Sajong' eGoli nakwele-Ntlanzi,
Ngethemba lokuphakul' ubusi nokuzuz' igolide.

Kodwa mpucuko udal' umsantsa!
Sifikile apho sohlukana,
Kwahlum' indlala neentanda,
Kwaphel' ithuba lokubukana kwama-Afrika! Omnye
nomnye uvuk' akhangel' icebo lokuphila! Kambe
nabo sele behluthi abayek' ukukhongozela.

Sesiphila ngethemba ke thina!
Lokuzinza silinde ngomonde kuwe Qamata,
Kuba senzile sazama ngezi ziphiwo sadinwa!
Nezo nzame zethu zokuphilis' imiphemfulo zibhangile,
Ngenxa yokuswel' imali nempiko!

Makathule alale ngoxolo umasind' ezama,
Ayazi ugcuntswana luyibonil' eyakh' imizamo!
Ayazi maxesh' athile sifa singayibonanga iKanana,
Iqhawe neqhawe lifel' endleleni.

62. AMAZWI EKRWALA

Bendingu Bhova.
Bendinukuneza.
Bebesithi xa bedibene bandikhuphele phandle,
Mna bendithathwa njengo mthunywa!
Bendigawulisw' iiflarha ndingazazi nokuba zezani na,
Kodwa namhlanje ndiyindoda.

Bendiyint' aph' engenasiduko.
Isiko elenziw' ekhaya kum belingena gama.
Ngokutsho kwabo bendiyinja!
Kubo bendifana nembulu yon' engagqibelelanga.
Kodwa namhlanje ndiyindoda.

Namhlanje ndidlobile.
Sekungathi ndiyazibona ndisabelw'
Esam isithebe kwiintlanti zakowethu!
Lento yeyam, andiyibangi ndiyinikwe
Ngamaxhego kunye nabakhuluwa bam!
Isidima ngokubetha kolwimi lubonis' utshintsho.
Andiyalwangwa ngamayilo,
Ndingu Mnqarhwan' uzudul' uhlab' ilawu
Nditsh' uMqokoz' obomvu umaqhula!
Ndinelungelo lokuzithutha.
Ewe kaloku nam ndiyindoda.

O.E. Bolisi

Bendindodwa ndiqakatha kwezoo ntaba!
Iinkomanda zam bezindishiya ndodwa kwelo hlathi,
Ndisale ndigadwe nguSebekho inja yomkhwetha,
Kodwa phakathi kwezo zilwanyana
Nakuloo meva ndibuye ndiphila!
Namhlanje ndibufezile ubujoni bakwaXhosa!
Namhlanje ndotyathisw' ubugorha bempumelelo yovavanyo!
Ewe isiko ebekufanele ndilenzile.

63. IDYOKHWE YOBUKHOBOKA

Ah, umAfrika wodumo!
Into edume ngozinzo nangentobeko!
Umntu odalwe njenge simo somsindisi,
Ngumntu wothando noxolo yena!
Kub' ezibuk' indwendwe ze azabele negumbi!

Mbone ke namhlanje!
Emanxadanxada esihl' esenyuka ebhidwe yimpilo,
Ingxaki zimambethe zimswantsulisa imini nobusuku,
Inkwenkwe yebhul' imfun' enkomeni ngenj' ixukuxa,
Kambe abanye sebondl' imigqakhwe
Ngenxa yedyokhwe yobukhoboka.
Imiyalelo kaNtsikane seyivakala mfiliba.

Nantso-o-o-ke lemidaka ijongis' imibomb'
Kwandonga-Ziyaduma NaseNtshona Koloni,
Apho wofik' ixinane okwe mbumba yamanyama,
Kuxhwarhwe kobo butyhakala bobomi Kuphel'
ukuthandana nokubulisana kwemidaka Ngenxa
yokusondelelana kwezakhiwo zabo. Phakathi
kwalo mxinano kunochatha wesiyobisi Odal'
uluntu lakowethu ludubane ngeencuku,
Idalwa yinimba nokungavisiswana ngendlela yokuhlala!
Lishush' idabi phakathi kwimidaka.

Lihlatyiw' ikhwelo ngaba nenimba ngoluntu lwethu,
Ngethemba lokusombulul' ingxaki zom' Afrika Nkqi!
Ukufika kwemidaka yakowethu endibanweni! Kalok'
imidaka ayinaxesha lakuphumla, Kalok'umdaka
akanathuba lakuzinza Abukel' iziqhamo zentsimi
yakhe,
Kalok' uluntu lakowethu lusedyokhweni mihla yonke,
Yidyokhwe idal' umdaka onakalelwe mihla yonke,
Yidyokhwe edal' uMdaka angabinakuqaphela okonakalayo emzini,
UMdak' ungayithwaliyo loo dyokhwe wolal' engatyanga.

64. INDLELA ESELE SIYIHAMBILE (25 OF DEMOCRACY)

Aah! UMzantsi Afrika.
Wawumhl' uqhakraz' okwentyatyambo,
Pha mandulo, ingama-Afrika' odwa engangxengwanga!
Uluntu lufunda ngokwenza nangokukhathalel' umhlaba nemfuyo,
Amatyal' exovulwa ngoxolo komkhulu, kungadingeki qhosha,
Kukuhle ehleli ngoxolo amaAfrika eAfrika!

Ihambil' iminyaka' okhokho beyolile
Begcobile bengalindelanga nto!
Zafik' izidlwengu zadubadub' uxolo loMzants' ne-Afrika,
Kwaligaz' ezikolweni zeMidaka!
Ye dundulu imidaka kwizitalato zelizwe layo,
Lelo gazi ke, elad' udushe novukwelwano!
Lelo gazi elavus' umnyele nemisindo!

Ahamb' amathandazwe ay' emahlathini,
Apho akha imibutho neziseko zokulwa utshaba!
Ayelapho lo maqhawe omzabalazo e-Afrika,
Abuy' elolongekil' elungele ukulwa ngoxolo nangothethwano,
Benza njalo ke, oDalibhunga nelakh' igqiza!
Yazalw' inkululeko, alawul' ama-Afrika kwakhona.
Yile minyaka ingamashum' amabini anesihlanu sikhululwe!
Urhulumente esakh' elungisa!
Urhulumente eza neenguqu ephuhlisa!
Urhulumente efundisa ephecula!

O.E. Bolisi

Nazoo ke ezo ndlela zintle zakhiwe!
Nantso ke loo mizi ikhanya ngumbane!
Nango ke loo magumbh' ezozikolo ebukeka ethembisa!
Intle iyacomeka le nkululeko,
Kuba nabani na unelungelo nemvume yokuhlomla,
Aze neyakh' imbono ngeenkqubo zokwakh' ilizwe,
Andule ngokutyumb' iqela lezoPolitiko alithandayo,
Ukuba libe lilizwi lakhe apho ePalamente!
Bubo ke obu ubumuncwane benkuleleko!

Kuninzi esele kwenziwa, kuninzi esele kuzanyiwe! Kusekude
phambili kodwa kugqalw' amacebo kuyazanywa! Zikho zon' iincwina
nezaphuselan' ezigxobh' inkqubela phambili, Ezi rhwaphiliz'
okwesizwe nokwabantu boMzantsi Afrika! Kodwa kunjalo sisenal'
ithemba kuyo le nkululeko.

65. UNYAKA WEMBHALELA 2019

Ngunyaka weshwangusha kwaXhosa!
Ogaleleke uluntu luzintsalu yiyantlukwano,
Ngunyaka wembubhiso kwaXhosa!
Ofike kubhubhe ubunkokheli neengwevu zakwaXhosa,
Ingwevu ezazinezazela zinqula zihlonel' uQamata!

Uhambile ke lonyaka ubukelwe
Emfimfith' imilambo, enqolob' amadlelo wesizwe,
Bathul' abantu bemveli, wakhal' urhulumente!
Banga bathi siyekele kuni zifundiswa!
Nina bantu nifunde nade naphakamel' uluntu lwemveli noThixo.

Ngunyaka omakakhunjulwe kwaXhosa.
Apho kwakh' kwahlalw'ethembeni kungenziwa ntshukumo,
Yasithel' intwasahlobo imvula ingasatyeleli!
Apho abant' babesanela nje kukuyincoma ukubalela!
Kwada kwangen' isilimela satshotsha sosela ngakumbi.

Ngunyaka wehlazo kwisizwe senkos' uSijadu kaMtshotshisa!
Apho uluntu lwakhe lanyuk' intaba,
Layokudibana ngezicelo nangomthandazo!
Suka kwehl' isitshingitshana somoya!
Azel' amehlo yintlabathi nothulu,
Makakhunjulwe lonyaka wengqumbo kaMdali!

O.E. Bolisi

Makabhalwe ezimbalini lo nyaka,
Kub' kumhla kwakh' kwenziw' idini ngokumkani uZwelonke,
AmaXhosa anikela ngaye njengesicelo semvula,
Mawaziwe umhla we 14 kweyeNkanga,
Kuba kulapho ikumkani yathunywa kokhoko nakuMdali,
Yafef ' imvula eMbhashe kwahlok' iliwa Uxhalanga.

Yayinguye unyaka wamaxhala!
Aph' iingcibi namakhankatha zazihamb' ngezatya!
Zizula zibhadul' emadlelweni nasemahlathini
Welali Ingwemnyama kaMbhexa phezu kweliwa uXhalanga!
Yiloo lali engatshi mayeza waseSuthwini.

IGcuwa inalo ibali ngalonyaka,
Intabelanga kaMgijima eKomani ingangqina!
Amafama aseKoloni asapholis' amanxeba nezivubeko!
Unyaka wembhalela.

66. UMKHUHLANE (COVID-19 .2020)

Siziqhelil' izothuso,
Asingxami ngobamb' izikrwewe xa sisiv' intlabamkhosi.
Kuba siphila kwimihla yemikhwa nezimbo,
Imihla yokuhlekisa ngentlekele nangeenyembezi,
De ifike kuw' intlekele, utsh' uqonde yinyaniso!

Kube njalo ke nakuthi eMzantsi Afrika,
Minazan' umlilo sawubonela kude,
Minizan' izikhalo sasizivela kude,
Ngapha kolwandle kwilizwe lokundwendwela!
Sobe wophelela apho ngaphesheya kweenduli neentaba.

Yhini na bantwana be –Asia, yhini na bantwana beMelika
Yhini ukudlal' qatha sisaqal' unyaka,
Sisaceb' iqhinga lokumelana nonyaka,
Besingobani thina Ma-Afrika!
Ngoku sithemba ngomthwalo oxak' ilizwe le- Italy.

Oh hayi ke noko lona nize nawo umkhuhlane,
Othundeza ukuqelelelana Phakathi kwethu bantu!
Besiba ngomxeba nigqibelisile,
Kodwa namhlanje nithi masithi gu kanobomi,
Kambe singabulisani singaxhawulani,
Kambe sithule singaphuzani.

O.E. Bolisi

Oh hayi! ke noko lona umkhuhlane,
Ayingobhanga cimi uyanwenwa!
Uzobhangis' iindibano neminyhadala,
Amasik' akwantu nemibhiyozo yegquba,
Uzokwakh' amakheswa namalolo,

Uyavuya wena sibhakabhaka!
Kumhla wafuman' ukuphumla nokucoceka!
Uyavuya wena ndlela nomhlaba,
Kuba kumhla waziphulula kwizivubeko.

Hamb' uhambe mkhuhlane!
Nathi de sifuman' ixesha lokuphefumla,
Nathi side sifuman umtyhi wokungqawuza,
Nathi side sizuze ukugqugula.

Awu! Uyintoni na umntu kule mihla,
Kuba hleze inzulu lendaba,
Hleze kuthi kanti yimfazwe ethe cwaka,
Icetywe ngobuchule ngamachule,
Kodwa kunjalo, thina sithi hamba mkhuhlane,
Usindise thina bangenalwazi lentsusa yakho.

IZINCOMONGENYE IINCWADI YOMBHALI

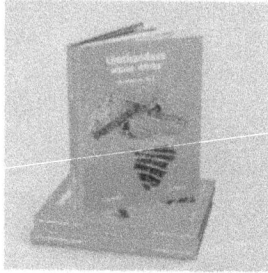

Nantsi imibongo ehamba phambili ngokwam ukubona, nendiyithande kakhulu kule ncwadi: Ingca, Usengumama. Inqanawe.

Huntsu ke maqabane ngalo msebenzi umhle kangaka qhubani nibheke phambili.

~~~~Isuka ku: Mzoli Mavimbela (umbhali).

O.E. Bolisi

Kuthi mandiyiyizele Nqarhwane, Zidul', Maqhula. Kuli
gugu neqhayiya kum ukuba nonyana onguwe, kungako
ndiziva sendivuseleleka ndikubonga ndisithi...

Iyasi-i-i-k' ini-i-mba

Yiyizelani bafazi kungenqaba!
Ndingumfaz' odla ngoyiyizela xa kunje!
Mfazindini onzima ozithweleyo,
Kambe engazazi okokuba uqulathe ntoni

Ohlal' enxunguphele ezixhalele,
Okokuba kazi ezinyanga zingaka ndazisikelwayo
Ziza kundiphathela nto,gxebe ziyakuza nolunjan'
usana Suka uSomandla wenza ummangaliso!
Yafika yon' imini yokuza
komntwana, Kanti liqhawe lesizwe!

Bafazi quqelani kuSomandla,
Zizakufik' izinto zithez' amandla.
Thabathelani nibhinqe omfutshane,
Nilwe notshaba olubhubhisa lutshabalalis' iintsana zethu,
Ndithetha ngeziyobis' neendywala.
Eziqgugqisa iingqondo zabantwana.

Xhobani bafazi nixovule lomtyholi,
Ungenasisini ungajonganga nto
Intle emzini , kambe ulutshaba kwiingcango
Evulelw' abantwana abeniziphiwo,
Ziphiwo abazambeswe nguMdali!

Uthando luka-Olothando

Velukani ke masang' omthonyama akwaZiduli,
Angen' uPheloshe nesakhono enimnike sona.
Kambe akayi kulambatha xa athe waquqelela enikhonza!

Kuyasika xa ndibon' lengqungqumbane,
;Ququzela ibhala imibongo yakwaXhosa
Ngolwimi lwayo lwesiXhosa

Phambili Nqarhwane, Ziduli, Hlabilawu.
Wanga uQamata angakugcina ukhule de ukhokhobe

~~~~Isuka ku: Noansweri Nomnikelo Bolisi (Umama ondizalayo)